TOP 10 BRUXELAS, BRUGES, GENT E ANTUÉRPIA

ANTONY MASON

PUBLIFOLHA

Hôtel de Ville, Grand Place, Bruxelas; Trufas belgas

Sumário

Top 10 Bruxelas, Bruges, Gent e Antuérpia

UM LIVRO DORLING KINDERSLEY
www.dk.com

2ª edição brasileira: 2012

ISBN 978-85-7914-150-8

PUBLIFOLHA
Divisão de Publicações do Grupo Folha
Al. Barão de Limeira, 401, 6º andar,
CEP 01202-900, São Paulo, SP
Tel.: (11) 3224-2186/2187/2197
www.publifolha.com.br

EDITORA-ASSISTENTE: Adriane Piscitelli
COORDENAÇÃO DE PRODUÇÃO GRÁFICA: Soraia Pauli Scarpa
PRODUÇÃO GRÁFICA: Mariana Metidieri

PRODUÇÃO EDITORIAL
EDITORA PÁGINA VIVA
TRADUÇÃO: Clara Alicia Allan
EDIÇÃO: Francisco José Couto
REVISÃO: Elisa Elias e Beatriz Chaves
DIAGRAMAÇÃO: Bianca Galante

Impresso na Leo Paper, China

Dados Internacionais de Catalogação na Publicação (CIP)
(Câmara Brasileira do Livro, SP, Brasil)

Mason, Antony
Bruxelas, Bruges, Gent e Antuérpia / Antony Mason ; [tradução Clara Alicia Allan]. – São Paulo – 2ª edição : Publifolha, 2012. – (Guia top 10)

Título original: Brussels, Bruges, Antwerp & Ghent.
ISBN 978-85-7914-150-8

1. Antuérpia (Bélgica) - Guias de viagem 2. Bruxelas (Bélgica) - Guias e viagem 3. Bruges (Bélgica) - Guias de viagem 4. Gent (Bélgica) - Guias de viagem I. Título. II. Série.

10-00377 CDD-914

Índices para catálogo sistemático:
1. Bélgica : Guias de viagem 914

Este livro segue as regras do Acordo Ortográfico da Língua Portuguesa (1990), em vigor desde 1º de janeiro de 2009.

As listas Top 10 não estão em ordem de qualidade ou popularidade.
As 10 atrações, na opinião dos editores, são iguais em importância.

Foi feito o possível para garantir que as informações deste livro fossem as mais atualizadas disponíveis até o momento da impressão. No entanto, alguns dados como telefones, preços, horários de funcionamento e informações de viagem estão sujeitos a mudanças. Os editores não podem se responsabilizar por qualquer consequência do uso deste guia, nem garantir a validade das informações contidas nos sites indicados.

Os leitores interessados em fazer sugestões ou comunicar eventuais correções podem escrever para a Publifolha, Al. Barão de Limeira, 401, 6º andar, CEP 01202-900, São Paulo, SP, enviar um fax para: (11) 3224-2163 ou um e-mail para: atendimento@publifolha.com.br

Proibida a comercialização fora do território brasileiro.

Capa – **DK Images:** Demetrio Carrasco ceb; **Getty Images:** Martin Child (principal). Lombada – **DK Images:** Demetrio Carrasco b. Contracapa – **DK Images:** Demetrio Carrasco cc, cd; Paul Kenward c.

Den Engel, um *bruine kroeg* (pub marrom) típico de Antuérpia; Passeio pelo canal, Bruges

Em Bruxelas, Bruges, Gent e Antuérpia

Dicas de Viagem

O Markt, Bruges; Fonte Brabo, Grote Markt, Antuérpia

TOP 10 BRUXELAS, BRUGES, GENT E ANTUÉRPIA

TOP 10 BRUXELAS, BRUGES, GENT E ANTUÉRPIA

TOP 10 Destaques

As quatro grandes cidades do norte da Bélgica compartilham um rico legado cultural que data dos tempos medievais, quando esta era uma das regiões comerciais mais dinâmicas do mundo. Mas cada uma delas é única: Bruxelas é a nova capital da Europa, e Bruges, uma das cidades medievais mais preservadas do continente. Gent é uma histórica cidade universitária, e Antuérpia tem a força de um grande centro industrial. Todas merecem a visita – por suas atrações culturais e também pelos belos e acolhedores lugares onde se hospedar, comer e beber.

1 A Grand Place, Bruxelas

Em sua simples dramaticidade arquitetônica, o centro histórico de Bruxelas é quase imbatível – como deve ter sido três séculos atrás *(pp. 8-11)*.

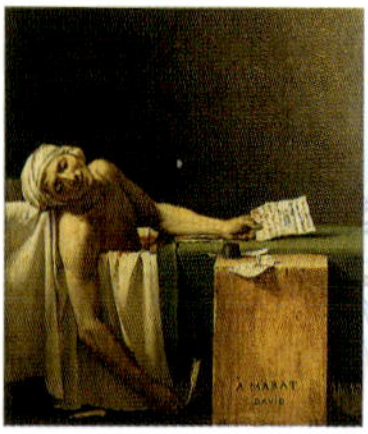

2 Musées Royaux des Beaux-Arts, Bruxelas

Brueghel, Rubens, Van Dyke, Magritte – este acervo magnífico leva o visitante a conhecer alguns dos maiores nomes da arte *(pp. 12-5)*.

3 Musée des Instruments de Musique, Bruxelas

Instalado em um belíssimo prédio art nouveau, o MIM contém milhares de instrumentos – antigos, modernos, étnicos ou simplesmente esdrúxulos *(pp. 16-7)*.

4 Musée Horta, Bruxelas

Victor Horta foi um arquiteto art nouveau original, e sua própria casa exprimia perfeitamente sua arte, até mesmo nas maçanetas. O prédio foi preservado como santuário da Art Nouveau *(pp. 18-9)*.

5 Centre Belge de la Bande Dessinée, Bruxelas

O "Centro dos Quadrinhos" revela algo sobre essa forma de arte muito belga: Tintim e muito mais *(pp. 20-1)*.

Nas páginas anteriores, **Bruges a partir do mirante Belfort, com vista para o Rozenhoedkaai**

6 A Burg, Bruges

O centro velho de Bruges é uma joia arquitetônica – uma praça pequena e intimista cercada de construções históricas, cada uma oferecendo algo de fascinante *(pp. 22-3)*.

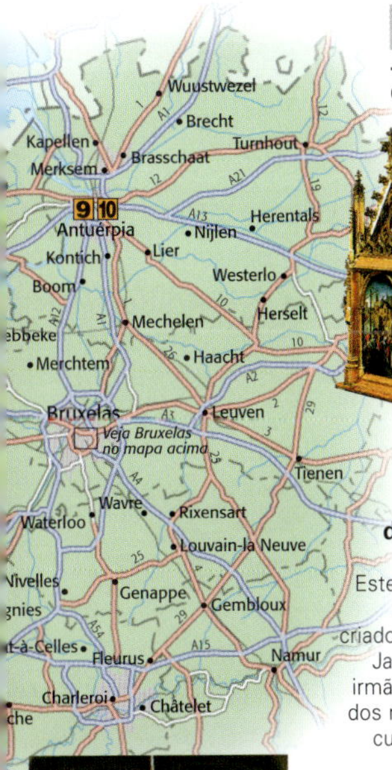

7 Groeningemuseum e Memling in Sint-Jan--Hospitaalmuseum, Bruges

Os grandes artistas flamengos do início do século XV, como Jan van Eyck e Hans Memling, foram dos primeiros a aprimorar a pintura a óleo. Estes dois acervos expõem suas habilidades de modo conclusivo, mostrando por que eles tiveram influência tão profunda sobre a arte italiana *(pp. 24-5)*.

8 Adoração do Cordeiro Místico, Gent

Este grande retábulo de vários painéis criado em 1426-32 por Jan van Eyck e seu irmão Hubrecht é um dos maiores tesouros culturais da Europa *(pp. 26-7)*.

9 Catedral de Antuérpia

A Catedral de Nossa Senhora é o principal ponto de referência histórico da cidade e a maior igreja gótica da Bélgica. Originário do século XIV, seu impressionante interior é ressaltado por dois trípticos excepcionais de Rubens: *A elevação da cruz* e *A descida da cruz (pp. 28-9)*.

10 A Rubenshuis, Antuérpia

A mansão de Rubens foi cuidadosamente restaurada para mostrar como pode ter sido quando ele viveu ali *(pp. 30-1)*.

Veja mais sobre os melhores museus e galerias de arte nas **pp. 34-5 e 38-9**

TOP 10 A Grand Place, Bruxelas

A Grand Place de Bruxelas é o ponto principal da cidade, obra-prima de arquitetura unificada e inspiradora. Ladeada por casas geminadas que abrigavam sedes de corporações de ofícios, com esculturas simbólicas e detalhes dourados, foi por anos o coração econômico e administrativo da cidade. Era usada por mercadores e feirantes, para desfiles e combates de cavaleiros, proclamações de decretos e execuções públicas. Mesmo sem o prestígio político e econômico de outrora, e sem a agitação do tráfego que a cruzava, ainda é cheia de movimento.

Detalhe da fachada do Hôtel de Ville

Há dois bares-restaurantes famosos na Grand Place – ambos caros, mas que valem pelo estilo típico de Bruxelas: o Le Roy d'Espagne, no nº 1, e o La Chaloupe d'Or, nos nºs 24-25.

O principal centro de informação turística de Bruxelas fica no Hôtel de Ville e é um lugar útil para obter informações.

- *Mapa C3*
- *Hôtel de Ville: visitas guiadas 13h45-15h15 ter-qua, 10h-12h15 dom (1º abr-31 set apenas). 02 279 4365. Visita: €2,50*
- *Maison du Roi (Musée de la Ville de Bruxelles): aberto 10h-17h ter-dom. 02 279 4350. Entrada: €3*
- *Musée du Cacao et du Chocolat, perto da Grand Place: aberto 10h-16h30 ter-dom. 02 514 2048. Entrada: €5,50*
- *Maison des Brasseurs (Musée de la Brasserie): aberto 10h-17h seg-sex, 12h-17h sáb e dom. 02 511 4987. Entrada: €6*

Destaques

1. Hôtel de Ville
2. Maison du Roi
3. Le Renard
4. Le Cornet
5. Tapis de Fleurs
6. Maison des Ducs de Brabant
7. Maison des Brasseurs
8. Le Cygne
9. Estátua de Everard 't Serclaes
10. Maison des Boulangers

1 Hôtel de Ville

A sede da prefeitura foi o primeiro prédio importante da Grand Place. Em boa parte reconstruída desde a origem no século XV, ainda possui a torre original, coroada por uma estátua de São Miguel.

2 Maison du Roi

Construída na década de 1870 em estilo medieval, a Casa do Rei *(acima)*, abriga o Musée de la Ville de Bruxelles, cujo acervo conta a história da cidade. Entre os destaques, os trajes criados para o Manneken-Pis.

3 Le Renard

Como a maioria das casas da Grand Place, a de nº 7 foi a sede de uma guilda – a prestigiosa Guilda dos Donos de Armarinhos. Como a maioria das sedes dessas associações, foi reconstruída após 1695. Uma marcante estátua de raposa (Le Renard) ilustra seu nome antigo.

Veja mais sobre o Manneken-Pis na **p. 10**

4 Le Cornet

Este prédio belo e cheio de detalhes (nº 6) foi sede da Guilda dos Barqueiros. Entre seus adornos marinhos há um piso superior que lembra a popa de um galeão.

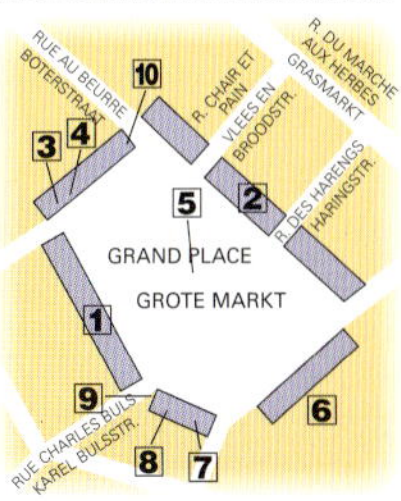

A Grand Place

7 Maison des Brasseurs

Chamada L'Arbre d'Or (a Árvore de Ouro), a sede da Guilda dos Cervejeiros (nº 10) foi projetada por Guillaume de Bruyn. Ainda hoje é usada pela Confederação de Cervejarias da Bélgica e abriga um pequeno museu da cerveja.

10 Maison des Boulangers

A Guilda dos Padeiros *(acima)* é recoberta de símbolos, inclusive seis figuras que representam os elementos básicos da produção do pão. A lanterna octogonal sobre o telhado é coroada por uma estátua dourada da Fama.

8 Le Cygne

"O Cisne" (nº 9) foi reconstruído como residência em 1698, comprada em 1720 pela Guilda dos Açougueiros. Depois tornou-se um café, onde Karl Marx promoveu reuniões do Partido dos Trabalhadores Alemão.

Não É Exatamente Legítimo

As sedes de guildas da Grand Place seguem sobretudo o estilo renascentista flamengo do final do século XVI e início do século XVII. Mas pouca coisa da Grand Place realmente data desse período. Em 13-4 de agosto de 1695, por ordem de Luís XIV, tropas francesas comandadas pelo marechal de Villeroy arrasaram a torre do Hôtel de Ville e o centro da cidade. Em desafio, os cidadãos reconstruíram a Grand Place, concluindo-a em apenas cinco anos.

5 Tapis de Fleurs

Durante cinco dias, no mês de agosto, a cada dois anos, a Grand Place é recoberta por um enorme Tapete de Flores *(acima)*.

9 Estátua de Everard 't Serclaes

Everard 't Serclaes morreu aqui em 1388, resistindo à ocupação flamenga. Os transeuntes acariciam a estátua de bronze *(abaixo)* para ter sorte.

6 Maison des Ducs de Brabant

O lado sudeste deste admirável edifício neoclássico foi concebido por Guillaume de Bruyn em 1698 como um único bloco de sete unidades.

O Tapis de Fleurs acontece nos anos pares

La Bourse; Église Saint-Nicolas; Rue des Bouchers

TOP 10 Arredores da Grand Place

1 Manneken-Pis
Ninguém sabe por que esta pequena estátua de bronze de um menino urinando um jato d'água virou um símbolo tão querido de Bruxelas. Desde o início do século XVIII são confeccionados diversos figurinos para ele, que já tem mais de 800. *Esquina da Rue de l'Étuve com Rue du Chêne • Mapa B3*

2 Galeries Royales de Saint-Hubert
Construída em 1847, esta não foi a primeira galeria de lojas da Europa, mas certamente é das mais belas. *Mapa C2*

3 Rue des Bouchers
Muitas ruas em volta da Grand Place refletem o antigo comércio da região. A "Rua dos Açougueiros" e a Petite Rue des Bouchers, que a atravessa, são famosas por seus restaurantes animados e pelas belas vitrines de alimentos. *Mapa C3*

Galeries Royales de Saint-Hubert

4 Église Saint-Nicolas
São Nicolau de Myra – ou Papai Noel – foi o padroeiro dos mercadores, e esta igreja atende aos comerciantes da Grand Place e arredores desde o século XIV. Seu interior conserva um ambiente medieval impressionante, apesar de ter sido profanado por rebeldes protestantes no século XVI, danificado pelo ataque de artilharia de 1695 e reconstruído nos anos 1950. *Rue au Beurre 1 • Mapa C3 • 02 219 75 30 • Aberta 8h-18h30 seg-sex, 9h-18h sáb, 9h-19h30 dom • Grátis*

5 La Bourse
A Bolsa de Valores é um elemento inconfundível da paisagem de Bruxelas. Erguida em 1873 com as linhas de um templo grego e decorada com esmero, hoje é usada pela Euronext e funciona como espaço de exposições. No subsolo são mostrados resquícios arqueológicos de um convento de 1238, conhecido como Bruxella 1238. *Mapa B3 • Bruxella 1238: 02 279 43 55 • Visitas guiadas 1ª qua de cada mês*

6 Musée du Costume et de la Dentelle
Museu pequeno e interessante, dedicado a figurinos históricos e rendas, com seleção limitada mas seleta de artefatos. *Rue de la Violette 12 • Mapa C3 • 02 213 44 50 • Aberto 10h-12h30 e 13h30-17h seg-sex; 14h-17h sáb-dom • Entrada paga*

Veja mais sobre os poucos restaurantes recomendados da Rue des Bouchers e arredores na **p. 74**

7 Biscuiterie Dandoy

A melhor produtora de biscoitos de Bruxelas vem aperfeiçoando sua arte desde 1829. Atrás de uma vitrine sedutora há quitutes como speculoos, sablés e waffles. *Rue au Beurre 31 • Mapa C3*

8 Église Notre-Dame de Bon Secours

O elemento mais marcante desta igrejinha construída entre 1664 e 1694 é o impressionante alto coro hexagonal, que se ergue até o teto em domo. A fachada traz o brasão do governador dos Países Baixos austríacos no século XVIII, Carlos de Lorena. *Rue du Marché au Charbon 91 • Mapa B3 • 02 514 31 13 • Aberta diariam jun-nov 9h30-18h, dez-mai 10h-17h • Grátis*

Vestido de noiva, Musée du Costume

9 Place Saint-Géry

A praça que marca o local da fundação de Bruxelas hoje é dominada por Les Halles de Saint-Géry, atraente estrutura de ferro e tijolos vermelhos construída em 1881 como mercado de carnes. Atualmente espaço de artesanato, exposições e café, é o centro de uma área cada vez mais conhecida pela vida noturna. *Mapa B3*

10 Estátua de Charles Buls

Na Place Agora está uma das mais simpáticas estátuas de Bruxelas: do barbado e bigodudo artista, político e reformador Charles Buls (1837-1914) e de seu cão. Buls foi burgomestre (prefeito) de 1891 a 1899 e promoveu a restauração da Grand Place. *Mapa C3*

A Île Saint-Géry e o Rio Senne

Bruxelas surgiu como um grupo de ilhotas em um rio pantanoso. Reza a lenda que, no século VI d.C., São Gaugérico (Géry em francês), bispo de Cambrai, fundou uma igreja em uma das ilhas, e uma vila cresceu ali. O nome Bruocsella (mais tarde Bruxelas), ou "Casa no Pântano", foi mencionado pela primeira vez em 966, e um castelo foi erguido na ilha uma década depois por Carlos, duque da Lorena, que assim fundou efetivamente a cidade. Houve uma capela na ilha até 1798, quando foi destruída pelas forças francesas de ocupação. O rio Senne atravessou a cidade até o século XIX, entre a Gare du Midi e a Gare du Nord. Ele nunca foi grande, e com o crescimento da população tornou-se um perigo à saúde pública, de modo que, após mais um surto de cólera, foi canalizado e coberto em 1867-71. Esse processo criou os bulevares Anspach e Adolphe Max, entre outros, e o rio passou a integrar o novo sistema de drenagem e esgotos canalizados da cidade. Ele ainda pode ser visto em alguns pontos de Bruxelas.

***O rio Senne,* de Jean-Baptiste van Moer**

Veja mais sobre o sistema de esgotos de Bruxelas na **p. 40 (Musée des Égouts)**

TOP 10 Musées Royaux des Beaux-Arts

Os Museus Reais de Belas-Artes de Bruxelas são um tour de force. *Muitos grandes nomes da história da arte estão representados aqui – e, fato notável, são em sua maioria nacionais. Os museus se dividem em três partes estreitamente integradas: o Musée d'Art Ancien (séculos XV a XVIII), o Musée d'Art Moderne (séculos XIX e XX) e o Musée Magritte, entre os quais você pode se movimentar livremente. Eles estão passando por grande renovação, e algumas exposições podem ter sido transferidas para outro lugar.*

Fachada dos Musées Royaux des Beaux-Arts

Os museus têm seu próprio café, de bom padrão. É muito mais interessante, porém, o MIM, no alto do vizinho Musée des Instruments de Musique *(pp. 16-7)*; e a pouca distância a pé há os cafés da Place du Grand Sablon, como o delicioso chocolatier Wittamer *(p. 72)*.

As seções dos séculos XV, XVI e XIX dos museus fecham entre 12h-13h, e as dos séculos XVII, XVIII e XX, entre 13h-14h. Programe sua visita.

- *Rue de la Régence 3*
- *Mapa C4*
- *02 508 32 11*
- *www.fine-arts-museum.be*
- *Aberto 10h-17h ter-dom*
- *Entrada: €13, incluindo Musée Magritte, ou €8 (grátis para menores de 13 anos). Grátis na 1ª qua de cada mês após 13h*

Destaques

1. A Justiça de Oto
2. Lamentação
3. A Queda de Ícaro
4. O Martírio de São Livino
5. A Morte de Marat
6. Máscaras Singulares
7. O Silêncio
8. O Passeio
9. Mulher de Azul Diante de um Espelho
10. O Reino de Arnheim

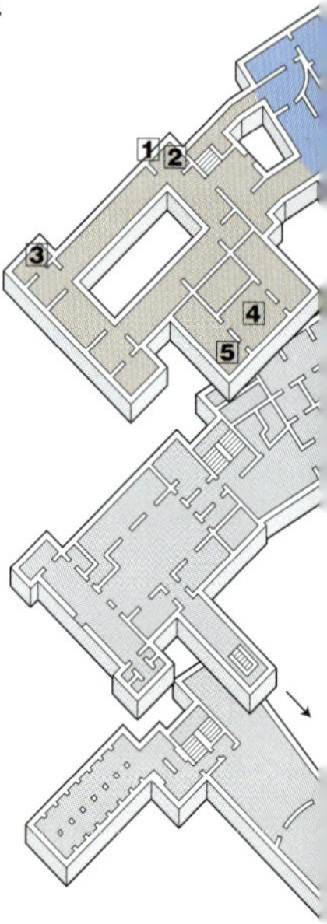

1 A Justiça de Oto

Este instantâneo brutal da vida medieval, pintado por Dirk Bouts (*c.* 1420-75) em 1471-3, é narrado em dois painéis – espécie de história em quadrinhos primitiva. Em detalhes brilhantes, mostra como o imperador Oto II foi levado por sua mulher a decapitar um inocente por adultério.

Lamentação 2

Rogier van der Weyden era conhecido pela forte carga emocional de suas obras, como esta tela de *c.* 1420-50, mostrando Cristo crucificado nos braços de sua mãe *(dir.)*

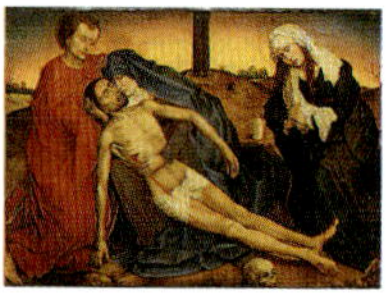

3 A Queda de Ícaro

Esta obra de 1567 *(acima)* de Pieter Brueghel, o Velho, suaviza a dramaticidade com sua normalidade embelezada.

4 O Martírio do São Livino

Em seus melhores momentos, Rubens criou obras de dinamismo estarrecedor, obrigando o olhar a percorrer a pintura e inspirando fascínio e respeito. A selvageria deste retrato de martírio cruel transmite também o poder da redenção.

Veja mais sobre os artistas belgas nas **pp. 36-7**

A Morte de Marat 5

O revolucionário francês Marat foi trucidado na banheira por uma militante política. Este retrato *(dir.)* de Jacques-Louis David chama atenção pelo realismo.

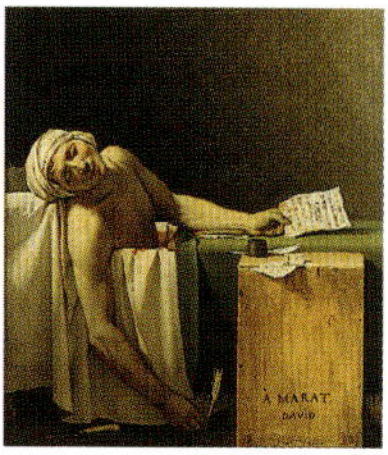

Máscaras Singulares 6

Esta forte tela de 1892 *(dir.)* condensa o expressivo e bizarro mundo visual e a imaginação sem rédeas do artista simbolista belga James Ensor.

9 Mulher de Azul Diante de um Espelho

O encanto de Rik Wouters está na intimidade doméstica. As pinceladas são enérgicas e as cores, fauvistas. Esta pintura de 1914 mostra seu domínio da composição e das cores.

10 O Reino de Arnheim

René Magritte propõe enigmas visuais. Esta tela de 1962 *(abaixo)* sugere sentimentos ambíguos de ameaça e proteção.

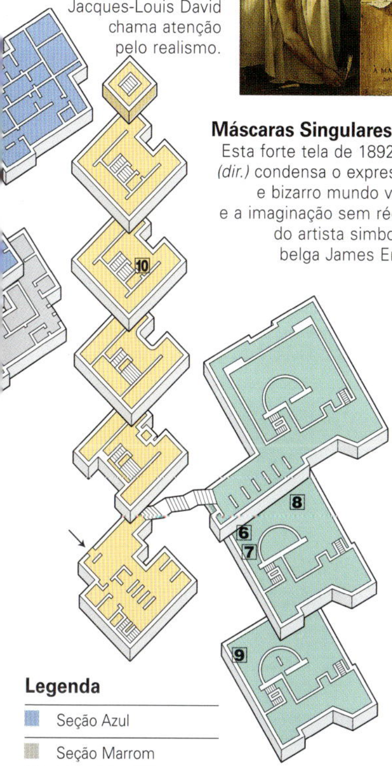

Legenda

- Seção Azul
- Seção Marrom
- Musée Magritte
- Seção Verde

7 O Silêncio

Esta obra de 1890 *(esq.)*, estranhamente sedutora, é de Fernand Khnopff, influente artista simbolista. Sua preocupação era mergulhar no mundo desconhecido da imaginação.

8 O Passeio

Pintada em 1901, esta cena pontilhista de Théo van Rysselberghe mostra quatro meninas andando numa praia varrida pelo vento.

Guia dos Museus

O acervo dos museus é organizado por séculos com um código de cor. A Seção Azul cobre os séculos XV e XVI, enquanto a Marrom abrange os séculos XVII e XVIII. O Musée Magritte abriga o maior acervo da obra do artista, com pinturas, fotos, desenhos e cartas, ao passo que os níveis mais baixos da Seção Verde (níveis -3 a -8) avançam pela arte dos séculos XIX e XX até os dias atuais.

Veja mais sobre os simbolistas belgas na **p. 15**

Saguão da entrada principal; *A bela cativa*, Magritte; Vista das galerias principais

TOP 10 Beaux-Arts: Características e Acervos

1 Os Edifícios
Localizados na escarpa do Coudenberg, o antigo encrave real de Bruxelas, os principais edifícios do museu foram projetados por um dos maiores arquitetos da época, Alphonse Balat (1818-95). Balat também é célebre por ter desenhado as magníficas estufas reais em Laeken *(p. 80)* e por ter ensinado Victor Horta *(pp. 18-9)*.

2 Renascimento e Primitivos Flamengos (Seção Azul)
As salas mais antigas contêm arte dos séculos XV e XVI suficiente para uma visita inteira. As criações dos primeiros pintores a óleo flamengos (chamados "primitivos") mostram a influência dos pintores de iluminuras medievais; obras posteriores revelam a influência crescente do Renascimento italiano.

3 Coleção de Brueghel
A Seção Azul inclui também a segunda maior coleção mundial de obras de Pieter Brueghel, o Velho, dispostas ao lado de pinturas de seu filho, Pieter Brueghel, o Jovem, muitas das quais copiadas de trabalhos de seu pai.

4 Era de Ouro e Século XVII (Seção Marrom)
A pintura flamenga viveu sua segunda era de ouro no século XVII, com figuras como Rubens, Jordaens e Van Dyck. Esta seção mostra por que Antuérpia foi um centro fundamental da arte europeia durante esse período.

5 Coleção de Rubens
Parte da Seção Marrom, a coleção de Rubens revela a razão pela qual esse pintor foi tão festejado. Quem associa Rubens apenas a cenas repletas de mulheres nuas, rechonchudas e rosadas se surpreenderá com esta coleção, que exibe vigor, espontaneidade e ousadia artística.

6 Coleção do Século XIX
Esta coleção destaca o vigor e o brilho da arte belga criada a partir de 1870, abrangendo artistas como Hippolyte Boulenger, Alfred Stevens, Charles Hermans, Henri Evenepoel e Émile Claus. Os verdadeiros astros aqui são os simbolistas e James Ensor.

7 Período Moderno e Século XX (Seção Verde)
Esta seção inclui grandes nomes internacionais, como Picasso, Chagall e Dalí. A Bélgica está bem representada, com obras de Delvaux, Spilliaert, Wouters e outros.

8 Arte Moderna Belga
A Seção Verde se encerra com obras de artistas modernos e iconoclastas como Marcel Broodthaers (1924-76), cujos trabalhos conceituais revelam a obsessão belga por conchas do mar, e Panamarenko (1940-), cuja obra é representada por uma máquina voadora, tipicamente bizarra.

Os Musées Royaux des Beaux-Arts estão passando por uma grande reforma, e algumas exposições podem mudar

9 Musée Magritte

A obra de René Magritte é vista com tanta frequência em reproduções que pode ser surpreendente admirá-la de perto. O impressionante Musée Magritte, situado à parte dos Musées Royaux des Beaux-Arts, tem a maior coleção mundial de obras do artista.

***Feira de laranjas em Blidah,* de Henri Evenepoel**

10 Escola Sint-Martens-Latem

A obra de Georges Minne, Gustave van de Woestyne, Albert Servaes, Valerius de Saedeleer, Gustave de Smet e Constant Permeke abrange um amplo espectro estilístico; a Seção Verde oferece ótima oportunidade de conhecê-la.

Os Simbolistas Belgas

Um dos grandes tesouros dos Musées Royaux des Beaux-Arts é a coleção de obras dos simbolistas belgas (principalmente na Seção Verde). O Simbolismo dominou as duas últimas décadas do século XIX. Inicialmente um movimento literário, seu clima pode ser detectado mais facilmente na pintura. Essencialmente, foi uma reação ao Realismo: em vez de pintar imagens do mundo como ele realmente se apresenta, os simbolistas procuram explorar o mundo da mente e da imaginação. Estilisticamente falando, o Simbolismo teve uma diversidade enorme: Jean Delville é famoso por suas cenas míticas; Fernand Khnopff usa o desenho para evocar tensões estranhas, não verbalizadas; muitos dos trabalhos em preto e branco de Léon Spilliaert recorrem a um senso original de desenho para evocar um clima fortemente melancólico, e Léon Frédéric se desloca sem dificuldade entre o realismo social forte e o simbolismo poético.

***Banhista,* de Léon Spilliaert**

Destaques

1. Fernand Khnopff (1858-1921)
2. Léon Frédéric (1856-1940)
3. Jean Delville (1867-1953)
4. Léon Spilliaert (1881-1946)
5. Théo van Rysselberghe (1862-1926)
6. Félicien Rops (1833-98)
7. James Ensor (1860-1949)
8. George Minne (1866-1944)
9. O Círculo dos Vinte (1884-93)
10. A Estética Livre (1894-1914)

TOP 10 Musée des Instruments de Musique

Descrito frequentemente como "Le MIM", o Musée des Instruments de Musique possui uma coleção maravilhosa de instrumentos musicais, de antigos a modernos. Selecionados de um acervo total de mais de 6 mil objetos, os instrumentos expostos foram organizados com beleza, e fones de ouvido permitem ao visitante ouvir o som real de cada um. Acrescente-se a isso o fato de o museu agora estar abrigado em um local belíssimo: a clássica loja de departamentos em estilo art nouveau conhecida como "Old England". O Café MIM, no piso superior, tem uma das melhores vistas de Bruxelas.

O edifício "Old England", que abriga "Le MIM"

O MIM, no piso superior do museu, serve bebidas e lanches variados, além de pratos leves de almoço a preços módicos, como focaccia, sanduíches, massas e saladas. Se o local estiver cheio demais, você tem a opção de ir aos cafés da Place du Grand Sablon, a pequena distância a pé.

Reserve pelo menos duas horas para ver este museu; uma visita completa leva três ou quatro horas. Embora o museu feche oficialmente às 17h, os funcionários esvaziam as salas de exposição às 16h45.

- *Rue Montagne de la Cour 2*
- *Mapa D4*
- *02 545 01 30*
- *www.mim.be*
- *Aberto 9h30-17h ter-qui, 10h-17h sáb e dom*
- *Entrada: €5*

Destaques

1. Edifício "Old England"
2. Fones de Ouvido Infravermelhos
3. Instrumentos do Século XX
4. Instrumentos Mecânicos
5. Instrumentos Não Europeus
6. Instrumentos de Corda
7. Levantamento Histórico
8. Café-Restaurante MIM
9. Instrumentos Folclóricos Europeus
10. Instrumentos de Teclado

1 Edifício "Old England"

Concluído em 1899, é um exemplo clássico das estruturas inovadoras de ferro e vidro criadas pelos arquitetos da Art Nouveau. Ao visitar o MIM, não deixe de olhar o interior do próprio museu.

2 Fones de Ouvido Infravermelhos

Fones de ouvido são entregues a todas as pessoas com ingressos; ao chegar perto de alguns objetos expostos, você ouve automaticamente gravações de seus sons. É agradável e informativo.

3 Instrumentos do Século XX

Da amplificação elétrica aos sintetizadores e, recentemente, à música gerada por computador, a tecnologia teve grande impacto sobre a música no final do século XX. Esta coleção traz uma retrato fascinante desse período. Se você não sabe o que é um *ondes martenot*, agora pode descobrir.

4 Instrumentos Mecânicos

A criatividade dos fabricantes de instrumentos se mostra nesta coleção, que inclui caixas de música complexas e um carrilhão: sinos usados para tocar melodias.

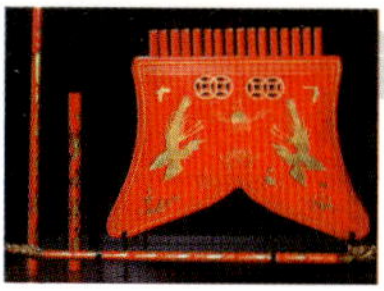

5 Instrumentos Não Europeus

O MIM se destaca na etnomusicologia. Esta coleção inclui flautas de Pã, cítaras, harpas e tambores africanos, orquestras de gamelões javaneses e trompas tibetanas.

8 Café-Restaurante MIM

Mesmo que não esteja precisando se reabastecer, suba de elevador até o décimo andar para apreciar a vista. Daqui é possível ver a estátua de São Miguel reluzindo no alto da torre do Hôtel de Ville, na Grand Place, e a Basilique Nationale e o Atomium, do outro lado da cidade.

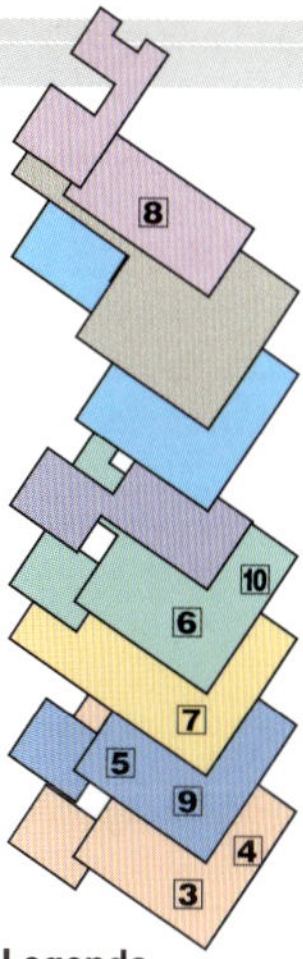

Legenda

- Subsolo
- Primeiro andar
- Segundo andar
- Quarto andar
- Quinto andar
- Sétimo andar
- Oitavo andar
- Décimo andar

6 Instrumentos de Corda

No segundo andar ficam os instrumentos de corda, com violinos de todos os formatos e tamanhos, saltérios, cítaras, alaúdes e violões. Também há a reconstrução de uma oficina de *luthier*.

7 Levantamento Histórico

Esta seção mapeia a evolução de instrumentos "de arte" ocidentais, da Antiguidade à Renascença e até o século XIX. O guia dos fones de ouvido mostra a complexidade crescente do som musical.

9 Instrumentos Folclóricos Europeus

Coleção que inclui flautas, chocalhos, acordeões, realejos e alguns artefatos bizarros, como uma coleção de trompetes de vidro belgas.

10 Instrumentos de Teclado

As estrelas da mostra são espinetas da família Ruckers *(abaixo)*, que trabalhou em Antuérpia a partir do século XVI.

Guia do Museu

O museu ocupa quatro dos dez andares do edifício. O subsolo é dedicado a instrumentos mecânicos e do século XX. O primeiro andar abrange instrumentos folclóricos. O levantamento histórico de instrumentos musicais ocidentais começa no segundo andar e prossegue no quarto, onde se concentram os instrumentos de teclado e de corda. Há uma biblioteca no quinto andar (acesso com hora marcada) e uma sala de concertos no oitavo; o café-restaurante fica no último andar. Os pisos são interligados por escadas e um elevador.

Veja mais sobre a arquitetura art nouveau de Bruxelas nas **pp. 44-5**

TOP 10 Musée Horta, Bruxelas

No final do século XIX, Bruxelas era um centro de design vanguardista e uma cidade em rápido crescimento. Para alimentar o mercado de mansões sofisticadas, os arquitetos buscaram ideias na história; o resultado foi o chamado "estilo eclético". Em 1893, o talentoso arquiteto Victor Horta criou um estilo inteiramente novo, mais tarde batizado de "Art Nouveau", repleto de curvas sensuais e surpresas artísticas, com ferro batido, vitrais, mosaicos, murais e belos detalhes de madeira. Horta amadureceu o estilo quando construiu sua própria casa, que hoje é o Musée Horta.

O Salon, Musée Horta

Há vários bares e cafés interessantes nas proximidades da Place du Châtelain. Para um almoço de preço regular antes da abertura do museu, às 14h, experimente o charmoso La Canne en Ville *(p. 81)*; se quiser um lugar com design interessante, procure o extraordinário Quincalleirie, que data de 1903 *(p. 81)*.

O Musée Horta fica no coração de um grupo de edifícios art nouveau. As ruas-chave são a Rue Defacqz, a Rue Faider e a Rue Paul-Émile Janson. O Hôtel Hannon também fica próximo *(pp. 44-5)*.

- *Rue Américaine 23-25, Bruxelas 1060 (Saint-Gilles)*
- *Mapa G2*
- *02 543 04 90*
- *www.hortamuseum.be*
- *Aberto 14h-17h30 ter-dom. Fecha seg, feriados* • *Entrada: €7*

Destaques

1. O Prédio
2. A Escadaria
3. Ferro Estrutural
4. Peças e Acessórios
5. Mobília
6. Vitral
7. Mosaicos
8. Detalhes de Madeira
9. Coleção de Esculturas Art Nouveau
10. Maquete da M. du Peuple

1 O Prédio

Quando fazia projetos para seus clientes, Horta gostava de desenhar a casa conforme o modo como viviam. Assim foi com sua própria casa, que tinha duas partes distintas: à esquerda (vista de fora), a residência; à direita, os escritórios e o ateliê.

2 A Escadaria

O design do interior destaca uma escadaria central, iluminada do alto por uma grande claraboia curva. Os corrimãos de ferro batido ganharam floreios tipicamente exuberantes *(acima)*.

3 Ferro Estrutural

Em um gesto ousado para a época, Horta usou estruturas de ferro para sustentar suas casas. Chegou a destacar a novidade, deixando parte do ferro exposto e chamando a atenção para ele com adornos de ferro batido *(abaixo)*.

Veja mais sobre os edifícios art nouveau de Horta nas **pp. 44-5**

4 Peças e Acessórios

Victor Horta era um *ensemblier*: desenhava um edifício inteiro até os últimos detalhes, inclusive as lâmpadas, as maçanetas e os cabides para casacos. Essa atenção ao detalhe transmite toda a sua maestria arquitetônica: nada é deixado ao acaso.

7 Mosaicos

As sinuosas linhas do design art nouveau no mosaico de azulejos do piso da sala de jantar *(acima)* ajudam a suavizar o efeito dos tijolos de louça branca das paredes.

9 Coleção de Esculturas Art Nouveau

O museu conta com diversas esculturas feitas por artistas belgas no fim do século XIX. Dê atenção especial a *La Ronde des Heures (abaixo)*, em um salão nos fundos do primeiro andar. Esse intrigante bronze foi criado por Philippe Wolfers (1858-1929), um grande joalheiro e prateiro art nouveau que trabalhou com Horta.

10 Maquete da Maison du Peuple

Embora poucos tenham sobrevivido, Horta era conhecido por seus projetos de edifícios comerciais e públicos. A Maison du Peuple foi uma inovadora estrutura de ferro fundido construída para a Société Coopérative em 1895. Sua maquete pode ser vista no porão.

5 Mobília

Além de maçanetas e cabides para casacos, Horta desenhava a mobília que ocuparia suas casas. Apesar do caráter inequivocadamente art nouveau, a mobília do arquiteto tende a ser simples, prática e contida.

6 Vitral

A natureza do vitral – pedaços de vidro unidos por tiras de chumbo – estimulava a imaginação dos arquitetos do Art Nouveau. Os vitrais estão em vários pontos da casa, como nas almofadas das portas e na claraboia.

8 Detalhes de Madeira

O Art Nouveau possui luxo e um toque de austeridade. A madeira esculpida da sala de jantar foi deixada ao natural, de modo que sua qualidade fale por si só *(abaixo)*.

Victor Horta

Filho de um sapateiro de Gent, Victor Horta (1861-1947) estudou arquitetura a partir dos treza anos. Depois de projetar o Hôtel Tassel *(p. 44)* em 1893, sua reputação cresceu. Passou a desenhar casas, edifícios públicos e lojas de departamentos. Com o início da Primeira Guerra, o Art Nouveau ficou ultrapassado, e Horta aderiu a um estilo mais rígido, visto no Palais des Beaux-Arts, em Bruxelas. Em 1932, recebeu o título de barão.

TOP 10 Centre Belge de la Bande Dessinée

Todos nós já ouvimos falar de Tintim, talvez o belga mais famoso do mundo. Mas esse herói dos quadrinhos é apenas um entre centenas criados na Bélgica nos últimos cem anos. A história em quadrinhos – bande dessinée, *em francês – é chamada a "nona arte". A biblioteca do Centre Belge de la Bande Dessinée, em Bruxelas, leva o gênero a sério – contém 40 mil volumes. Situado num armazém de tecidos reformado, o CBBD apresenta a história da HQ, mostra como são feitos os gibis e traz alguns dos personagens-chave e seus criadores.*

Brasserie Horta

A Brasserie Horta, do CBBD, é um local conveniente para bebidas e lanches, e serve boa gama de pratos de almoço. Caso não lhe apeteça, você está a pequena distância a pé da Grand Place e sua abundância de cafés e restaurantes. Mais perto fica o célebre bar À la Mort Subite *(p. 72)*, lugar tradicional para saborear a cerveja *gueuze*.

Observe que o CBBD não é diversão garantida para crianças pequenas, especialmente se não falarem francês ou holandês. É um museu que mostra a evolução dessa arte. Há guias gratuitos em inglês.

- *Rue des Sables 20*
- *Mapa D2*
- *02 219 19 80*
- *www.comicscenter.net*
- *Aberto 10h-18h ter-dom*
- *Entrada: €8*

Destaques

1. O Prédio
2. Como São Feitas as Histórias em Quadrinhos
3. Espace Saint-Roch
4. Temas de Gibis
5. Biblioteca
6. Le Musée de l'Imaginaire
7. Le Musée de la Bande Dessinée Moderne
8. Livraria Slumberland
9. Sala de Audiovisual
10. Tintim

1 O Prédio

O CBBD ocupa o antigo edifício das Magasins Wauquez, uma estrutura art nouveau inovadora, com grandes expansões de vidro, projetada por Victor Horta em 1903-6 *(imagem principal) (p. 45)*.

3 Espace Saint-Roch

Um grande e escurecido espaço de exposição, o Espace Saint-Roch é repleto de vitrines, nas quais são expostos de maneira rotativa 200 dos cerca de 6 mil desenhos do acervo do museu. Muitos deles foram resgatados das latas de lixo das editoras, no passado o seu destino comum, depois da publicação dos gibis.

2 Como São Feitas as Histórias em Quadrinhos

Esta exposição trata dos aspectos práticos da arte: como a imaginação do escritor e a do ilustrador são convertidas no formato visual e preparadas para a impressão.

4 Temas de Gibis

O segundo andar do museu abriga uma série de exposições temporárias. Elas são organizadas ao longo do ano e sempre estão relacionadas a algum tema ou artista específico de histórias em quadrinhos.

8 Livraria Slumberland

A loja, que deve seu nome à aventura do Pequeno Nemo, traz tudo relacionado a gibis.

5 Biblioteca

A biblioteca *(acima)* tem uma sala de leitura pública, aberta a quem tiver uma entrada para o museu.

9 Sala de Audiovisual

É usada sobretudo para filmes relacionados às exposições temporárias.

6 Le Musée de l'Imaginaire

O "Museu do Imaginário" revela as origens dos quadrinhos e destaca muitos de seus personagens clássicos.

7 Le Musée de la Bande Dessinée Moderne

Esta exposição *(abaixo)* destaca as últimas tendências, inclusive HQs de humor, políticos e eróticos.

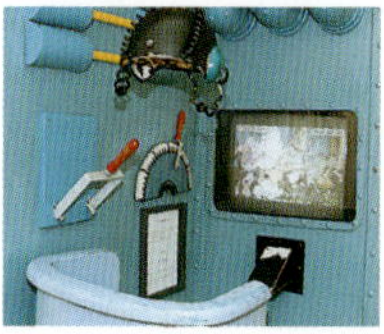

10 Tintim

O maior herói do CBBD é evidentemente o famoso repórter-mirim Tintim *(acima)*, uma criação de Hergé. Traduzidos para cerca de 40 línguas, mais de 140 milhões de exemplares de seus livros já foram vendidos no mundo. O museu o homenageia com modelos em 3D dos personagens principais e do foguete que foi à Lua.

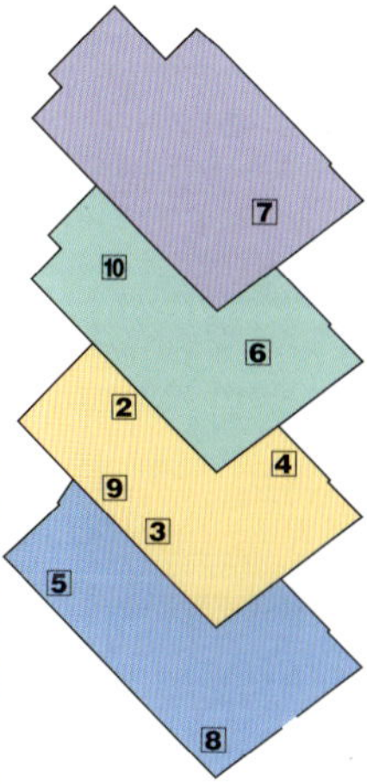

Planta do Museu

Legenda

- Térreo
- Primeiro andar
- Segundo andar
- Terceiro andar

Tintim

A história de Tintim começou em 1929, quando ele apareceu num suplemento infantil de jornal, *Le Petit Vingtième*. Seu criador, Hergé (Georges Rémi, *p. 48*), natural de Bruxelas, desenvolveu o personagem em uma série de aventuras ligadas a fatos reais, como a ascensão do fascismo *(O cetro de Ottokar)*. O encanto duradouro de Tintim se deve à sua determinação ingênua e também aos diversos personagens arquetípicos que o cercam, como o Capitão Haddock, o Professor Girassol e, é claro, o fiel cachorrinho de Tintim, Milu.

Veja mais sobre Hergé na **p. 48**

TOP 10 A Burg, Bruges

Bruges surgiu por volta de 862 d.C. como um castelo construído em um terreno pantanoso formado pelo rio Reie. O castelo desapareceu, mas a charmosa praça que tomou seu lugar, a Burg, permaneceu como coração histórico da cidade ao longo dos séculos. A construção mais impressionante é a Stadhuis, clássica sede da prefeitura medieval erguida na época em que Bruges era centro comercial internacional. Praticamente todos os séculos estão representados nas construções da Burg, e visitá-los revela muitos dos fascinantes segredos desta cidade extraordinária.

Breidelstraat

Próximo à Burg, o De Garre *(p. 91)* é um café antigo que serve bebidas e lanches leves.

As atrações da Burg são de alta qualidade, mas poucas. É possível ver tudo em uma ou duas horas.

- *Mapa L4*
- *Heilig Bloedbasiliek/ Capela de São Basílio: Burg 13; aberta abr-set 9h30-12h e 14h-18h diariam; out-mar 10h-12h e 14h-16h diariam (até 12h qua). Entrada para o Schatkamer (museu): €1,50*
- *Stadhuis ("Salão Gótico"): Burg 12; aberto 9h30-17h diariam. Entrada: €2 (incl. fone de ouvido e entrada para o Renaissancezaal; crianças até 6 anos não pagam)*
- *Renaissancezaal van het Brugse Vrije: Burg 11a; aberta 9h30-12h30 e 13h30-17h ter-dom. Entrada incluída no preço do ingresso para a Stadhuis*

Destaques

1. Breidelstraat
2. Heilig Bloedbasiliek
3. Capela de São Basílio
4. Stadhuis
5. Oude Civiele Griffie
6. Renaissancezaal van het Brugse Vrije
7. Landhuis van het Brugse Vrije
8. O Lado Norte
9. Proostdij
10. Blinde Ezelstraat

1 Breidelstraat

A Breidelstraat, ruazinha pitoresca *(acima à esq.)* que liga a praça principal do mercado de Bruges, a Markt, à Burg, é repleta de lojas que vendem suvenires e um dos produtos mais famosos da cidade, a renda.

2 Heilig Bloedbasiliek

Do lado esquerdo da Burg, a Basílica do Sangue Sagrado *(acima)* é uma capela em estilo neogótico do final do século XIX. Seu pequeno museu guarda sua relíquia mais famosa, um frasco de sangue que teria sido de Cristo.

3 Capela de São Basílio

Sob a Heilig Bloedbasiliek existe outra capela de clima totalmente contrastante *(abaixo)*. Construída no século XII com resistente pedra cinza, é um exemplo magnífico do robusto estilo românico e lembra que a Burg se originou como castelo.

Veja mais sobre o famoso festival de Bruges, o Heilig Bloedprocessie, na **p. 50**

4 Stadhuis

Uma das grandes construções seculares da Europa medieval *(imagem principal)*, erguida em 1376-1420 no estilo gótico flamejante, a Stadhuis (sede da prefeitura) é uma expressão magnífica da autoconfiança de Bruges na Idade Média. Foi restaurada no final do século XIX.

7 Landhuis van het Brugse Vrije

Esta sóbria mansão do século XVIII foi sede da "Liberdade de Bruges", jurisdição administrativa que cobria uma ampla região em torno da cidade, enquanto a própria Bruges se governava separadamente.

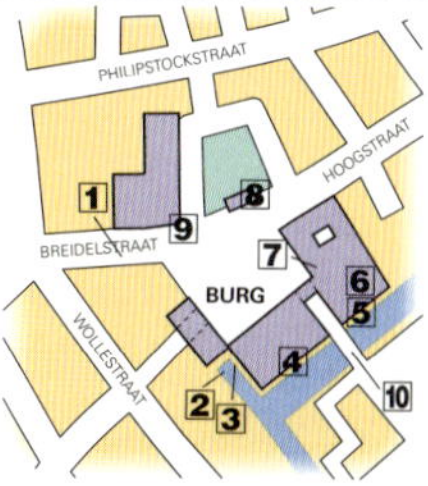

Planta da Burg

10 Blinde Ezelstraat

Uma pitoresca rua parte do lado sul da Burg, sob a arcada que liga a Oude Griffie à Stadhuis. O nome ("Rua do Burro Cego") pode estar ligado a uma estalagem próxima famosa pela cerveja barata.

5 Oude Civiele Griffie

A Renascença influiu apenas levemente na arquitetura de Bruges; a "Casa Velha dos Arquivistas", de 1534-7 *(abaixo)*, é exceção.

8 O Lado Norte

Este Pavilhão *(acima)*, de Toyo Ito, foi erguido em 2002 no local da catedral "desaparecida" *(boxe)* para marcar o ano de Bruges como Capital Cultural da Europa.

6 Renaissancezaal van het Brugse Vrije

Na esquina da Burg fica a Sala da Renascença, cuja atração principal é a Lareira Carlos V, exemplo do virtuosismo da xilogravura no século XVI.

9 Proostdij

Coroada pela figura da Justiça, a Casa do Magistrado, no norte da Burg, tem estilo barroco flamengo (1622), com parapeito na linha do telhado.

A Catedral Desaparecida

Imagens do centro de Bruges antes de 1799 mostram o lado norte da Burg ocupado pela silhueta impressionante da Sint-Donaaskerk. A primeira igreja nesse local datava da origem de Bruges, e Jan van Eyck foi enterrado aqui. Ampliada gradualmente ao longo dos séculos, em 1559 ela se tornou a catedral da cidade. Mas foi demolida durante a ocupação das forças revolucionárias francesas. Partes escavadas de suas fundações ainda podem ser vistas no hotel Crowne Plaza *(p. 127)*.

Veja mais sobre o imperador Carlos V na **p. 46**

TOP 10 Dois Museus de Bruges

A cidade tem dois museus que contêm alguns dos mais belos exemplos mundiais da arte da Baixa Idade Média, com uma seleção primorosa de obras de artistas como Jan van Eyck (c. 1390-1441) e Hans Memling (1435-94). Os museus ocupam lugares distintos, a pequena distância um do outro. O Groeningemuseum é uma galeria pequena e charmosa, com um toque radical. O Memling in Sint-Jan--Hospitaalmuseum faz parte do hospital medieval (restaurado) que encomendou as pinturas de Memling para a capela em que elas ainda podem ser vistas hoje.

Fachada do Groeningemuseum

O Groeningemuseum fica a pequena distância a pé do centro da cidade, onde há muitas opções de cafés e restaurantes ***(p. 91).***

Disponível no Centro de Informação Turística, o Bruges City Card (€34 para 48h e €39 para 72h) dá acesso a 24 museus – inclusive os dois desta página –, um passeio pelos canais e um de ônibus, além de outros descontos. Mais detalhes em www.bruggecitycard.be

---

- *Groeningemuseum: Dijver 12. Mapa L4. 050 44 87 11. Aberto 9h30-17 ter-dom. Entrada: €8 (crianças até 6 anos não pagam)*
- *Memling in Sint-Jan--Hospitaalmuseum: Mariastraat 38. Mapa K5. Aberto 9h30-17h ter-dom. Entrada: €8 (crianças até 6 anos não pagam)*

Destaques

1. O Julgamento Final
2. O Julgamento de Cambises
3. O Santuário de Santa Úrsula
4. A Lenda de Santa Úrsula
5. O Tríptico de Moreel
6. Secret-Reflet
7. A Virgem e o Menino com o Cônego Van der Paele
8. Retrato de uma Família de Bruges
9. Tríptico com São João Batista e São João Evangelista
10. A Adoração dos Reis Magos

1 O Julgamento Final

Hieronymus Bosch (*c.* 1450-1516) é famoso pelo clima de pesadelo em seus retratos de angústia espiritual, tortura e inferno. Este exemplo *(acima)* proporciona uma visão complexa da psique religiosa da época.

2 O Julgamento de Cambises

Em 1488, Bruges equivocadamente encarcerou Filipe, o Bom, duque da Borgonha. Este grande díptico de Gerard David mostrando o cruel açoitamento de um juiz corrupto *(dir.)* foi encomendado pela prefeitura como pedido público de desculpas.

3 O Santuário de Santa Úrsula

Completado por Hans Memling em 1479, este relicário de 1m *(acima)* ilustra a lenda de Santa Úrsula em catorze belíssimos e detalhados painéis.

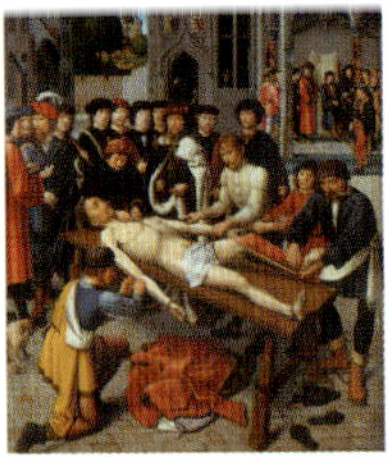

4 A Lenda de Santa Úrsula

Esta série de painéis do "Mestre da Lenda de Santa Úrsula" relata a popular história da santa e sua companhia de 11 mil virgens cruelmente martirizadas na Alemanha pagã.

5 Tríptico de Moreel

Willem Moreel, burgomestre de Bruges, encomendou esta obra *(acima)* de Hans Memling em 1484. Moreel é retratado no painel esquerdo, e sua mulher, no direito.

6 Secret-Reflet

Esta clássica obra simbolista *(dir.)* criada em 1902 por Fernand Khnopff (1858-1921) inclui uma imagem do Sint-Janshospitaal. O título alude ao jogo com a palavra "reflexo" nas duas imagens.

7 A Virgem e o Menino com o Cônego Van der Paele

A obra-prima suprema da coleção *(acima)*, foi pintada em 1436 por Jan van Eyck. Os detalhes são estarrecedores.

8 Retrato de uma Família de Bruges

No século XVII, Antuérpia se tornou o novo centro comercial e cultural, mas Bruges ainda conservou certo nível de prosperidade e dignidade, conforme testemunha este retrato de família, feito por Jacob van Oost, o Velho *(dir.)*.

9 Tríptico com São João Batista e São João Evangelista

Pintada em 1479 por Memling, esta obra homenageia os dois santos padroeiros do Sint-Janshospitaal.

10 A Adoração dos Reis Magos

Esta obra, exposta na capela do Memling in Sint-Jan-Hospitaalmuseum, foi pintada por Memling em 1479. É conhecida como o *Tríptico de Jan Floreins* devido ao patrono, ajoelhado à esquerda no painel central.

A Era de Ouro de Bruges

Bruges prosperou sob os duques da Borgonha, e em 1429 tornou-se a capital do império borgonhês. Sua elite rica e culta era patrona das artes. Os duques se casaram com membros da realeza europeia. Filipe, o Bom, se casou com a rainha Isabel de Portugal; Carlos, o Temerário, com Margaret de York. Seus casamentos foram celebrados com festas grandiosas, que viraram lendas na Europa. Esse é o mundo vislumbrado nas telas dos grandes mestres flamengos.

Veja mais sobre o Retrato de uma família de Bruges, *de Jacob van Oost, na* **p. 84**

TOP 10 Adoração do Cordeiro Místico

A Catedral de São Bavão, em Gent, possui um dos maiores tesouros culturais do norte da Europa. Este enorme e belíssimo políptico é a obra-prima dos irmãos Hubrecht e Jan van Eyck. Sua sobrevivência é quase um milagre: foi resgatado das mãos de vândalos protestantes em 1566 e salvo de um incêndio em 1822. Partes dele foram levadas por soldados franceses em 1794, vendidas em 1816 e roubadas em 1934. O original foi reconstruído na íntegra, excetuando-se o painel inferior esquerdo (uma cópia moderna). É conservado na Capela Villa.

Sint-Baafskathedraal (Catedral de São Bavão)

Há vários cafés simpáticos perto da catedral. Mais espetacular, porém, é o café-restaurante De Foyer, no primeiro andar do Schouwburg (teatro), com terraço que dá para a praça *(p. 99)*.

Chegue bem antes do horário de fechamento: a Capela Villa fecha pontualmente. As últimas entradas são vendidas 15 minutos antes do fechamento; os últimos fones de ouvido (que duram 50 minutos), 30 minutos antes.

- *Sint-Baafskathedraal, Sint-Baafsplein*
- *Mapa Q2*
- *09 269 20 45*
- *Aberta abr-out 9h30-17h seg-sab, 13h-17h dom; nov-mar: 10h30-16h seg-sáb, 13h-15h30 dom seg-sáb, 13h-16h dom*
- *Entrada: €4 (de 6 a 12 anos, €1,50)*

Destaques

1. O Políptico
2. O Cordeiro Místico de Deus
3. Deus Todo-Poderoso
4. Flores
5. Virgem Maria
6. Os Anjos-Músicos
7. Eva
8. A Cidade Idealizada
9. A Inscrição
10. Os Painéis Externos

1 O Políptico

A pintura consiste em doze painéis, quatro no centro e quatro em cada uma das alas dobráveis. A fileira inferior retrata a espiritualidade do mundo e o povo escolhido de Deus; a fileira superior mostra o reino dos céus, com Adão e Eva em cada extremidade.

2 O Cordeiro Místico de Deus

O ponto central deste painel *(acima)* é o Cordeiro de Deus, sangrando sobre o altar. Quatro conjuntos de figuras se aproximam dele: virgens mártires; figuras do Novo Testamento e da Igreja; patriarcas e profetas do Velho Testamento e confessores da fé.

3 Deus Todo-Poderoso

A figura central da fileira superior é Deus, mostrado trajando vestes vermelhas e com uma mitra cravada de joias, carregando um cetro e com uma coroa a seus pés. Seu rosto irradia serenidade bondosa por todo o políptico.

O audioguia para o políptico (disponível em várias línguas) é incluído no preço da entrada. É longo, mas muito informativo.

4 Flores
As numerosas flores transmitem uma mensagem filosófica: tudo na natureza é expressão da obra de Deus. O trabalho do pintor é registrá-la com fidelidade.

5 Virgem Maria
A figura de Maria revela muito do conceito medieval de beleza feminina. De traços finos, absorta na leitura, ela está enfeitada com joias.

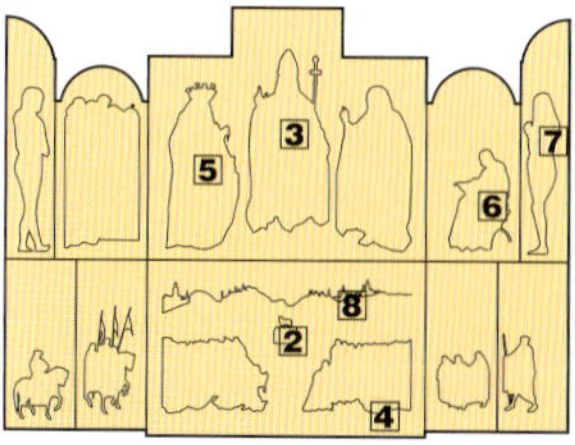

Planta do Políptico

6 Os Anjos-Músicos
Um coral celestial canta de um lado da fileira superior *(dir.)*, e do outro lado uma orquestra de anjos toca. As figuras estão apinhadas, mas a perspectiva é boa.

7 Eva
Os contemporâneos de Jan van Eyck se surpreenderam com o realismo de seu Adão e de sua Eva. Mesmo hoje, sua nudez se destaca. Lindamente iluminados pela direita, mostram a compreensão profunda que o pintor tinha da forma humana.

8 A Cidade Idealizada
Ao fundo do painel central se erguem as torres da cidade celestial, Jerusalém.

9 A Inscrição
No século XIX foi descoberta na moldura uma inscrição em verso dos dois irmãos, que se acredita ser original.

10 Os Painéis Externos
As alas de pintura podem estar fechadas. Os painéis externos têm tons neutros, intensificando o momento em que se abrem para revelar o suntuoso interior.

Influência sobre a Arte Europeia
A invenção da pintura a óleo às vezes é atribuída aos pintores flamengos, em especial a Jan van Eyck. É um exagero, mas é inegável que eles aprimoraram a técnica. Antonello da Messina, pioneiro da pintura a óleo na Itália, teria sido influenciado pelos artistas flamengos. Esses contatos evidenciaram as vantagens da pintura a óleo em relação à pintura a têmpera ou aos afrescos. Os artistas italianos adotaram a pintura a óleo, e a arte italiana avançou para o alto Renascimento.

Veja mais sobre a Catedral de São Bavão na **p. 95**

TOP 10 Catedral de Antuérpia

A Catedral de Antuérpia é a maior igreja gótica dos Países Baixos – e uma das mais belas. A graciosa agulha de sua torre, que se ergue a partir de uma praça de feira medieval, ainda é um marco na cidade. A catedral levou 170 anos para ser construída, e não ficou completa. Era a igreja das guildas ricas, adornada com seus santuários, relicários e retábulos. Arrasada por incêndios e pelos vândalos nos séculos XVI e XVIII, ainda abriga tesouros importantes, entre os quais dois magníficos trípticos de Rubens.

A entrada ocidental

Há muitos cafés, bares e restaurantes próximos da catedral. Uma taverna, a Het Vermoeide Model *(p. 108)*, fica encostada à parede da catedral. Do terraço do restaurante Rooden Hoed *(p. 108)* ouve-se o órgão da catedral. O bar Het Elfde Gebod (O 11º Mandamento) é decorado com estátuas religiosas *(p. 109)*.

Preste atenção no carrilhão, conjunto de 49 sinos que toca música de hora em hora. No verão há concertos regulares, em que os sinos são acompanhados pelo som de um teclado.

- *Handschoenmarkt*
- *Mapa T2*
- *03 213 99 51*
- *Aberta 10h-17h seg-sex, 10h-15h sáb, 13h-16h dom e feriados*
- *Entrada: €5; menores de 12 anos não pagam*

Destaques

1. A Agulha da Torre
2. A Nave
3. A Elevação da Cruz
4. O Púlpito
5. Murais Originais
6. A Virgem Exaltada pela Arte
7. O Vitral Borgonhês
8. A Cúpula
9. A Virgem de Antuérpia
10. O Órgão Schyven

1 A Agulha da Torre

A graciosa agulha da torre da catedral foi erguida ao longo de cem anos, a partir de meados dos anos 1400. À medida que sobe ao pináculo, com 123m, exibe estilo gótico cada vez mais ousado. A única agulha de torre comparável é a do Hôtel de Ville de Bruxelas, de data semelhante.

2 A Nave

O interior é iluminado e enaltecedor, devido à escala, à expansão de vidro e ao espaço simples e grandioso que se ergue até as abóbadas. De maneira incomum, as colunas do corredor central não têm capitéis, curvando-se sem junções para formar arcos góticos e gerar um efeito de serenidade.

3 A Elevação da Cruz

Este tríptico, e o também impressionante *A descida da cruz*, do outro lado da nave, asseguraram a reputação de Rubens em Antuérpia. O painel central e o da direita exibem a energia dinâmica que era própria de Rubens. O da esquerda mostra a dor dos companheiros de Cristo.

Veja mais sobre Rubens nas **pp. 30-1**

4 O Púlpito

Púlpitos de carvalho com entalhes complexos são destaques de muitas igrejas belgas. O tema deste, a difusão da fé nos "quatro" continentes, é tratado com grande dinamismo: um festival de aves, árvores, feixes têxteis, anjos, santos e figuras simbólicas.

5 Murais Originais

Murais alegravam a catedral no passado, mas com o tempo se degradaram ou pintou-se sobre eles. A restauração revelou partes dos originais.

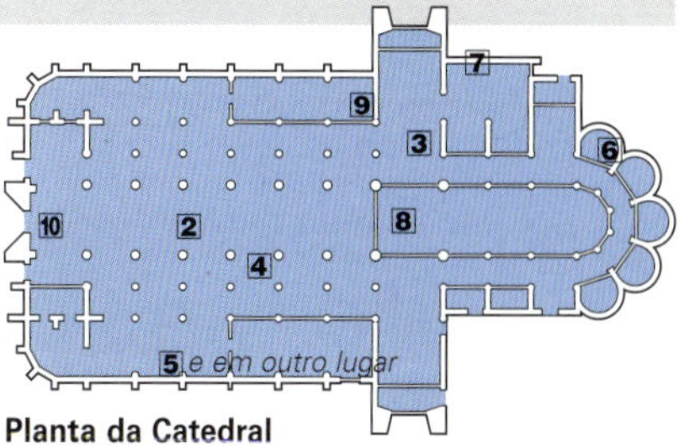

Planta da Catedral

6 A Virgem Exaltada pela Arte

No final do século XIX, a Catedral de Antuérpia foi resgatada da degradação por uma restauração maciça. Apesar de certo excesso de zelo, o esforço para recriar um efeito medieval em algumas capelas atrás do coro é admirável. O belíssimo tríptico de Abert de Vriendt evidencia o melhor do revival "eyckiano".

7 O Vitral Borgonhês

Boa parte dos vitrais originais da catedral resistiu ao tempo. Este é o mais antigo: de 1503 *(abaixo)*. Retrata Filipe, o Belo, e Joana de Castela, com seus santos padroeiros atrás deles.

8 A Cúpula

Visto de fora, o domo parece uma cebola preta em andares. Do interior *(esq.)*, a lógica é clara: os "andares" de vidro deixam entrar a luz para iluminar a *Assunção da Virgem* (1647), pintada por Cornelis Schut no teto. A impressão é de se estar olhando diretamente para o céu.

9 A Virgem de Antuérpia

Esta excepcional estatuazinha de madeira é objeto de devoção desde o século XVI e possui um guarda-roupa cambiante de vestes e coroas.

10 O Órgão Schyven

Este instrumento admirável ocupa uma magnífica caixa do século XVII criada por três grandes escultores da época.

Iconoclastas e Revolucionários Franceses

A Catedral de Antuérpia era ricamente decorada no passado; dois episódios a deixaram mais austera. O primeiro, na década de 1560, foi o ataque de extremistas protestantes, ou "iconoclastas", que destituíram igrejas de estátuas, pinturas e relíquias. No segundo, nos anos 1790, as forças da Revolução Francesa demoliram igrejas ou as desviaram para usos seculares, como estábulos, armazéns, quartéis, tribunais e fábricas.

TOP 10 A Rubenshuis, Antuérpia

Em 1610, Peter Paul Rubens (1577-1640) – pintor da corte, recém-vindo da Itália e recém-casado – se viu em condições de comprar uma casa grande, onde viveu e trabalhou até sua morte. Após séculos de descaso, em 1937 a casa foi resgatada pela prefeitura de Antuérpia, e desde então foi reformada e redecorada para recuperar a aparência que deve ter tido na época de Rubens. Além do encanto do lugar, ela oferece uma rara oportunidade para ver o contexto físico no qual foram criadas grandes obras de arte.

Os jardins da Rubenshuis

Próximo à Rubenshuis há um elegante café-restaurante, o Rubens Inn, que prepara lanches e também almoços substanciais. Com um toque de estilo moderno, o animado Grand Café Horta localiza-se logo depois da esquina, na Hopland 2 ***(p. 108).***

O museu é bastante movimentado nos horários de pico, especialmente no verão. Para ter mais tranquilidade, chegue no horário de abertura – no entanto, muitas pessoas podem ter a mesma ideia.

- *Wapper 9-11*
- *Mapa U2*
- *03 201 15 55*
- *www.rubenshouse.be*
- *Aberta 10h-17h ter-dom. Fechada seg e feriados.*
- *Entrada: €6 (inclui audioguia; exige-se documento de identidade). Grátis na última qua de cada mês*

Destaques

1. A Construção
2. O Pórtico Barroco
3. A Sala de Estar
4. A Cozinha
5. A Galeria de Arte
6. A Sala de Jantar
7. O Dormitório Grande
8. O Museu Semicircular
9. O Dormitório Pequeno
10. O Ateliê de Rubens

1 A Construção

A casa tem duas partes, dispostas em volta de um pátio. A mais antiga, em estilo flamengo, fica à esquerda: uma série de cômodos que compunham a parte doméstica, onde Rubens vivia e recebia convidados. À direita fica a parte de trabalho da casa, com o ateliê do pintor, desenhada por ele no estilo barroco mais grandioso.

2 O Pórtico Barroco

O grande biombo ornamental *(dir.)* foi desenhado por Rubens em estilo barroco italiano para conectar as duas partes da casa. Também proporciona uma entrada teatral para o jardim formal, mais adiante.

3 A Sala de Estar

Esta sala é notável por suas tapeçarias. Um couro espanhol estampado em relevo era usado como uma espécie de papel de parede nas casas dos ricos.

4 A Cozinha
A cozinha pequena e charmosa, com paredes de azulejos e lareira aberta, é típica de Flandres. Observe os ganchos para panelas, com linguetas para ajustar a altura destas sobre o fogo. A tradição vigorosa da culinária flamenga surgiu em cozinhas como esta.

5 A Galeria de Arte
Uma pintura exposta aqui, *A galeria de arte de Cornelis van der Geest*, mostra como pode ter sido a galeria de Rubens – cada centímetro da parede recoberto de quadros.

6 A Sala de Jantar
Comer e beber tinham importante papel nos hábitos sociais dos dias de Rubens *(dir.)*. O destaque aqui é um autorretrato do artista *(imagem principal)*, um dos quatro existentes.

7 O Dormitório Grande
Este é o cômodo no qual Rubens morreu. Aqui está o lindo armário de curiosidades, feito de carvalho e ébano, decorado com cenas mitológicas baseadas em suas obras.

8 O Museu Semicircular
Este cômodo revestido de mármore *(acima)*, inspirado no Pantheon de Roma, era usado por Rubens para expor sua coleção de esculturas. Entre as peças expostas está o busto de Sêneca, feito de mármore.

9 O Dormitório Pequeno
O que mais chama atenção neste cômodo é a cama do século XVII *(acima)*, em que as pessoas dormiam meio sentadas para promover a boa digestão.

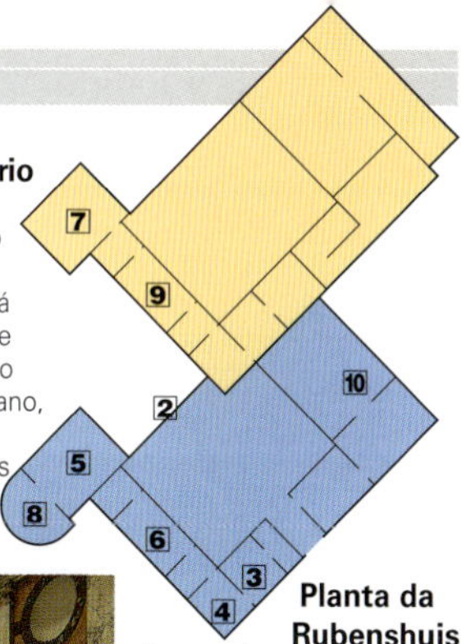

Planta da Rubenshuis

Legenda

■	Térreo
■	Primeiro andar

10 O Ateliê de Rubens
Nesta sala grande e impressionante *(acima)*, Rubens trabalhava com assistentes e aprendizes para manter sua enorme produtividade. Entre os quadros expostos está o inspirador mas inacabado *Henrique VIII na Batalha de Ivry* (*c.* 1628-30).

Vitalidade e verve
Rubens começou a ser treinado como artista aos treze anos, mas foi uma estadia de oito anos na Itália que o transformou. Sua obra exalava a grandeza e a vitalidade da arquitetura barroca e da Contrarreforma, além do estilo de vida luxuoso da aristocracia europeia. Trabalhando com energia incansável, ao longo de sua vida produziu mais de 2 mil pinturas importantes.

Veja mais sobre os melhores acervos da obra de Rubens no Museu de Belas-Artes de Bruxelas e no de Antuérpia nas **pp. 34-5**

Memling in Sint-Jan-Hospitaalmuseum; Musée David et Alice van Buuren

TOP 10 Galerias de Arte

1 Musées Royaux des Beaux-Arts, Bruxelas

Os Museus Reais de Belas-Artes de Bruxelas têm ricas coleções de Brueghel, Rubens, Jordaens e Wouters *(abaixo)*, além de cerca de 200 obras de Magritte no Museu Magritte *(pp. 12-5)*.

***Mulher de vestido azul*, de Rik Wouters**

2 Musée Communal d'Ixelles, Bruxelas

Esta coleção de arte pequena mas recompensadora ostenta nomes como Rembrandt, Toulouse--Lautrec, Picasso e importantes artistas belgas como Léon Spilliaert *(dir.)*. O museu fica no distrito de Ixelles, ao sul do centro da cidade *(p. 78)*.

3 Musée Constantin Meunier, Bruxelas

A residência suburbana de Constantin Meunier, escultor do final do século XIX, foi convertida em galeria dedicada a sua obra; ela mostra ao visitante a riqueza de seu talento e a força de sua crítica social *(p. 79)*.

4 Musée David et Alice van Buuren, Bruxelas

Uma coleção de arte particular é apresentada em seu ambiente original: uma charmosa residência art déco com lindo jardim *(p. 77)*.

5 Groeningemuseum, Bruges

A galeria principal de Bruges é célebre sobretudo por sua coleção de pinturas dos mestres flamengos da "era de ouro", do final da Idade Média. Museu pequeno, fácil de conhecer *(pp. 24-5)*.

6 Memling in Sint-Jan--Hospitaalmuseum, Bruges

Uma belíssima coleção de pinturas de Hans Memling foi encomendada originalmente para a capela deste hospital medieval, a fim de levar consolo aos doentes. As enfermarias e capelas adjuntas foram restauradas, conferindo um contexto fascinante às obras *(pp. 24-5)*.

***Os troncos cinza*, de Léon Spilliaert**

Nas páginas anteriores, **telhados de sedes de guildas, Antuérpia**

7 Museum voor Schone Kunsten, Gent

O museu de belas-artes de Gent é um tanto quanto desigual, mas tem algumas obras de grande valor; situado a pouca distância do SMAK, merece ser conhecido juntamente com este *(p. 97)*.

8 Stedelijk Museum voor Actuele Kunst (SMAK), Gent

Aclamada galeria de arte contemporânea que, além de promover exposições temporárias de vanguarda, também dispõe de um notável acervo permanente. Essas obras provocam as mais diversas reações do público, aficionado ou não *(p. 97)*.

Stedelijk Museum voor Actuele Kunst

9 Koninklijk Museum voor Schone Kunsten, Antuérpia

O museu de belas-artes de Antuérpia abriga exemplos do que a arte belga tem de melhor, de Jan van Eyck a Pierre Alechinsky. Está fechado para reformas até 2014, mas algumas seções ficarão abertas durante esse tempo *(p. 103)*.

10 Museum voor Hedendaagse Kunst (MUHKA), Antuérpia

A localização desta galeria de arte contemporânea, na antiga região das docas no sul da cidade, hoje cada vez mais valorizada, dá o tom do que vem apresentando. Um museu vanguardista *(p. 106)*.

Destaques Que Não Estão nas Galerias

1 Adoração do Cordeiro Místico (1432)
A obra-prima de Jan e Hubrecht van Eyck *(pp. 26-7)*.

2 A Elevação da Cruz (1609-10)
Maravilhoso tríptico de Pieter Paul Rubens *(p. 28)*.

3 A Descida da Cruz (1611-14)
O tríptico dilacerante de Rubens contrasta a morte de Cristo com a Natividade *(p. 28)*.

4 A Virgem com o Menino Jesus (1504-5)
Escultura de Michelangelo de dignidade hipnotizante *(p. 86)*.

5 Púlpito Barroco (1699)
Púlpito entalhado por Hendrik Verbruggen na Catedral de Bruxelas *(p. 68)*.

6 A História de Bruges (1895)
Na Stadhuis de Bruges *(pp. 22-3)*, doze primorosos murais neomedievalistas de Albert e Julien De Vriendt.

7 O Pensador (*c.* 1905)
Cópia da escultura de Rodin no Cemitério Laeken, Bruxelas. *Parvis Notre-Dame, 1020 BRU (Laeken) • Mapa F1 • Aberto 8h30-16h30 diariam*

8 O Cumprimento e a Dançarina (1908-11)
As obras-primas de Gustav Klimt na sala de jantar do Palais Stoclet são raramente expostas ao público *(p. 80)*.

9 Fonte dos Ajoelhados (1898)
A obra mais famosa de Georges Minne. *Emile Braunplein (em frente ao Belfort, Gent)*

10 Nossos Velhos Bondes de Bruxelas (1978)
A contribuição de Paul Delvaux para a arte no metrô. *Estação Bourse, Bruxelas*

Veja mais sobre os simbolistas belgas na **p. 15**

***A assunção*, de Rubens; *Adoração do cordeiro místico*, dos irmãos Van Eyck**

TOP 10 Artistas Belgas

1 Jan van Eyck

O brilho técnico e os detalhes quase fotográficos da obra de Jan van Eyck (*c.* 1390-1441) ficam evidentes em telas como *A Virgem e o Menino com o cônego Van der Paele (p. 25)* e *Adoração do cordeiro místico (pp. 26-7)*. A obra de Van Eyck exerceu enorme impacto sobre a arte italiana e foi um estímulo ao Renascimento.

2 Rogier van der Weyden

Um dos maiores "primitivos" flamengos, Rogier van der Weyden (*c.* 1400-64) é conhecido sobretudo pela intensa emotividade de seus trabalhos, como *Os sete sacramentos*, no Koninklijk Museum voor Schone Kunsten, Antuérpia *(p. 103)*. Trabalhando principalmente em Bruxelas, ele se tornou o pintor mais importante após a morte de Van Eyck.

***Laurent Froimont*, de Rogier van der Weyden**

3 Hans Memling

O alemão Hans Memling (*c.* 1433-94) provavelmente estudou com Rogier van der Weyden em Bruxelas antes de ir para Bruges, onde passou o resto de sua vida. Memling tornou-se um dos artistas mais bem-sucedidos da época *(pp. 24-5)*.

4 Peter Brueghel, o Velho

No século XVI, os artistas flamengos buscaram inspiração na Itália, fato que distorceu sua visão norte-europeia. Mas Peter Brueghel (*c.* 1525-69) rejeitou essa tendência e pintou o que via à sua volta, em um estilo pessoal. Seus retratos de vilarejos rurais possuem encanto afetuoso e ingenuidade sincera.

5 Pieter Paul Rubens

Os melhores artistas flamengos estudaram na Itália no século XVI, e ninguém aproveitou melhor essa experiência do que Rubens (1577-1640). Ele uniu sua prodigiosa técnica flamenga à verve italiana para produzir uma arte repleta de dinamismo e imaginação.

6 Antoon van Dyck

Colega e amigo de Rubens, Antoon van Dyck (1599-1641) possuía muitas habilidades comparáveis às deste e tratou de uma gama semelhante de temas. Mas Van Dyck é conhecido principalmente por seus retratos. Tornou-se pintor da corte do rei Carlos I da Inglaterra, que lhe conferiu o título de cavaleiro.

Pietà, de Antoon van Dyck

7 Jacob Jordaens

Após a morte de Rubens, outro de seus colaboradores, Jacob Jordaens (1593-1678), tornou-se o principal pintor de Antuérpia. Jordaens é recordado sobretudo por telas alegóricas que expressam a *joie de vivre* da era barroca.

8 James Ensor

O trabalho de James Ensor (1860-1949) lhe valeu a reputação de um dos maiores excêntricos da história da arte. Suas telas incorporam esqueletos, máscaras e caricaturas medonhas *(p. 13)*.

9 Paul Delvaux

Algumas imagens memoráveis do Surrealismo saíram do ateliê de Paul Delvaux (1897-1994). Ele é famoso pelas pinturas sensuais de nus sonolentos, como que em transe, em ambientes incongruentes.

10 René Magritte

As pinturas oníricas de René Magritte (1898-1967) figuram ao lado da obra de Salvador Dalí como arquétipos do Surrealismo. O Museu Magritte *(p. 14)* expõe telas do artista, fotografias, desenhos e arquivos.

Artistas Belgas Menos Conhecidos

1 Constantin Meunier

Escultor e pintor (1831-1905) conhecido por bronzes de operários de fábricas *(p. 79)*.

2 Théo van Rysselberghe

Pintor (1862-1926) que usou o pontilhismo para desenvolver um estilo inconfundível.

3 Émile Claus

Pintor pós-impressionista (1849-1924) famoso por cenas rurais de clareza fulgurante, obtida por meio de uma técnica à qual deu o nome de "luminismo".

4 Jean Delville

Um dos mais criativos simbolistas (1867-1953), célebre por suas visões fortemente coloridas de forças satânicas.

5 Léon Frédéric

Simbolista (1856-1940) cujas obras unem realismo social e visão poética.

6 Fernand Khnopff

Pintor (1858-1928) cuja enigmática obra simbolista é permeada de sexualidade oculta.

7 Léon Spilliaert

Simbolista (1881-1946) cujas obras, frequentemente em preto e branco, são imediatamente reconhecíveis.

8 Rik Wouters

Pintor e escultor (1882-1916) cuja obra é repleta de luz, verve e encanto.

9 Constant Permeke

Pintor (1886-1952) da segunda fase da escola Sint-Martens-Latem *(pp. 14-5)*. Sua obra tem viés social e texturas sombrias.

10 Panamarenko

Fiel às tradições surrealistas, este artista (nascido em 1940) cria máquinas, como naves espaciais, e encena tentativas claramente malfadadas de fazê-las funcionar.

Veja mais sobre as melhores galerias de arte nas **pp. 34-5**

Musée Charlier; Musée des Instruments de Musique

TOP 10 Museus

1 Musées Royaux d'Art et d'Histoire, Bruxelas

A coleção belga de tesouros históricos nacionais e internacionais é abrigada neste prédio. Ela inclui uma gama imensa de tesouros de igrejas medievais (na Salle aux Trésors), tapeçarias, esculturas e joias art nouveau, figurinos antigos e descobertas arqueológicas. É um dos três museus do Parc du Cinquantenaire *(p. 77)*.

2 Musée des Instruments de Musique, Bruxelas

Localizado em uma clássica loja de departamentos em estilo art nouveau, no alto de uma colina com vista para a cidade, o "Le MIM" é uma das atrações imperdíveis de Bruxelas. Além de observar os variados instrumentos expostos, os visitantes podem conhecer o som de cada um com o auxílio de fones de ouvido *(pp. 16-7)*.

Musée Royal de l'Armée et d'Histoire Militaire

3 Musée Horta, Bruxelas

Todo o potencial artístico do Art Nouveau se evidencia neste museu, antiga residência e local de trabalho de Victor Horta *(pp. 18-9)*.

4 Musée Charlier, Bruxelas

Rara oportunidade de conhecer o interior de uma das *maisons de maître* (mansões) de Bruxelas. Além de uma coleção de mobília antiga, o Charlier contém muitos objetos do tempo em que era ponto de encontro de personalidades de vanguarda do início do século XX *(p. 68)*.

5 Gruuthusemuseum, Bruges

Há mais de cem anos esta histórica casa funciona como museu, onde é exposta uma coleção sempre crescente de artefatos do cotidiano – tanto simples quanto grandiosos –, que vão desde a era de ouro medieval de Bruges até o século XIX. O Gruuthusemuseum se beneficiou de uma reforma *(p. 86)*.

6 Museum voor Volkskunde, Bruges

Veja como era a vida do povo comum de Bruges entre o século XIX, muitas vezes pobre, e o início do século XX. Fascinantes coleções de artigos domésticos, além de oficinas completas, revelam as extraordinárias transformações advindas no último século e meio *(p. 89)*.

O Cinquantenaire

Brabant lançando a bandeira nacional, a escultura simbólica de bronze que coroa o arco central do Palais du Cinquantenaire

A era das grandes feiras internacionais foi inaugurada pela Grande Exposição do Hyde Park, Londres, em 1851. Em 1880 o rei Leopoldo II decidiu promover uma pequena exposição para comemorar o cinquentenário (cinquantenaire) *da fundação da Bélgica. O local escolhido foi uma área pantanosa a leste do centro histórico de Bruxelas. Dois complexos, interligados por uma monumental colunata semicircular, foram encomendados a Gédéon Bordiau. A obra não foi concluída a tempo do jubileu, mas o local foi usado para feiras posteriores. Coroado por uma quadriga que lembra o Portão de Brandemburgo, em Berlim, o arco do triunfo central foi concluído em 1905, em tempo para celebrar o 75º aniversário do país. O salão de exposições de Bordiau abriga o Musée Royal de l'Armée et d'Histoire Militaire. Sua construção gêmea, ao sul, foi destruída em um incêndio em 1946, e a estrutura que tomou seu lugar hoje faz parte dos Musées Royaux d'Art et d'Histoire. O Parc et Palais du Cinquantenaire inclui também o Autoworld* (p. 77) *e duas curiosidades: o Atelier de Moulage* (p. 41) *e o Pavillon Horta* (p. 45).

7 Design Museum Gent, Gent

Os interessados em mobília antiga e na história das artes decorativas vão adorar este agradável museu, que acompanha as mudanças de estilo, da elegância doméstica do século XVII à irreverência jocosa do pós-modernismo milanês *(p. 96)*.

8 Het Huis van Alijn, Gent

Este interessante museu folclórico, estabelecido como asilo para pobres, fundado pela família Alijn no século XIV, tornou-se importante repositório de enorme gama de artefatos do cotidiano do povo comum de Flandres nos últimos séculos *(p. 96)*.

Design Museu, Gent

9 Museum Plantin-Moretus, Antuérpia

Menos de um século após o grande avanço proporcionado por Gutenberg na Europa com a invenção dos tipos móveis, esta gráfica do século XVI já se tornara líder na revolução da impressão. Entre máquinas de impressão e chapas de gravura se detectam o fermentar de ideias e todo o potencial de difusão do conhecimento prometidos por esta invenção *(p. 104)*.

10 Museum Mayer van den Bergh, Antuérpia

Rica coleção de pinturas, objetos de arte e antiguidades, frutos do dinamismo e da riqueza de Fritz Mayer van den Bergh *(p. 105)*.

Veja mais sobre os museus incomuns nas **pp. 40-1**

Musée Royale de l'Afrique Centrale; Musée de Tram Bruxellois

TOP 10 Museus Incomuns

1 Centre Belge de la Bande Dessinée, Bruxelas

O Centro Belga da História em Quadrinhos é o primeiro a admitir que os gibis não foram inventados na Bélgica, mas o país certamente aderiu a eles, produzindo uma série de escritores-artistas de grande talento, dos quais o mais famoso é Hergé, criador de Tintim. O museu fica num prédio art nouveau de Horta *(pp. 20-1)*.

2 Musée du Jouet, Bruxelas

Ursinhos de pelúcia, bonecas, fazendas em miniatura, cavalinhos de pau – este museu é cheio de brinquedos dos anos 1850 até os dias de hoje *(p. 70)*.

3 Musée Wiertz, Bruxelas

O ateliê de pintor do século XIX Antoine Wiertz o revela como artista que se iludiu. Ofendido pela rejeição enfrentada em Paris, ele queria ver Bruxelas tomar o lugar de Paris como capital da Europa. O fato de o prédio do Parlamento Europeu ficar ao lado hoje parece estranhamente visionário *(p. 79)*.

4 Musée des Égouts, Bruxelas

O Museu dos Esgotos de Bruxelas oferece uma visão das importantes obras públicas que, no final do século XIX, fizeram da cidade um lugar seguro para viver. Apenas uma pequena parte da imensa rede pode ser visitada com guia. *Pavillon de l'Octroi, Porte d'Anderlecht • Mapa A3 • 02 500 7031 • Aberto 10h-17h ter-sex, visitas guiadas qui-sex • Entrada paga*

5 Musée du Tram Bruxellois, Bruxelas

Com dezenas de bondes antigos e modernos nas plataformas silenciosas de uma antiga estação, visitar este museu é como pisar em uma tela surrealista de Delvaux. É muito mais interessante do que seu tema pode sugerir *(p. 78)*.

6 ModeMuseum (MoMu), Antuérpia

"Você é o que veste" é a filosofia deste novo museu no distrito da moda de Antuérpia. A coleção apresenta a teoria e a prática da moda, desde a produção de rendas no século XVI até os estilistas belgas da vanguarda contemporânea, expondo criações imaginativas. *Nationalestraat 28 • Mapa T2 • 03 470 27 70 • www.momu.be • Aberto 10h-18h ter-dom • Entrada paga*

O enterro precoce, de Antoine Wiertz

7 Béguinage d'Anderlecht, Bruxelas

Ainda há muitas comunidades piedosas para mulheres solteiras *(p. 86)*. Esta funciona como museu para retratar a vida delas. Encanto inesquecível *(p. 80)*.

Béguinage d'Anderlecht

8 Koninklijk Museum voor Midden-Africa (KMMA), Bruxelas (Tervuren)

A ousada escala deste museu quase se equipara às ambições da Bélgica como potência colonial no Congo, que é seu foco principal. É fascinante em vários níveis: etnográfico, histórico e sociológico *(p. 78)*.

9 Arentshuis (Brangwyn-museum), Bruges

Este museu deve sua existência à doação que o artista britânico Frank Brangwyn (1867-1956) fez a Bruges de uma coleção de obras próprias. O resultado é incomum e interessante, já que Brangwyn tinha uma visão peculiar e foi brilhante desenhista *(p. 87)*.

10 Frietmuseum, Bruges

Conheça a história da batata, desde sua origem na América do Sul, há 10 mil anos, até o moderno status icônico de vegetal frito favorito na Bélgica. *Vlamingstraat 33• Mapa K3 • 050 34 01 50 • Aberto 10h-17h diariam • Entrada paga*

Coleções Incomuns em Museus

1 Musée Boyadjian du Coeur

O coração como símbolo – a coleção de artefatos de um cirurgião cardíaco. *1, 2, 3: Musées Royaux d'Art et d'Histoire, Bruxelas (p. 77)*

2 La Salle aux Trésors

Tesouros medievais.

3 La Salle Wolfers

Valiosa coleção de artefatos art nouveau.

4 Atelier de Moulage

Oficina que produz cópias de gesso de esculturas clássicas. *Parc du Cinquantenaire, Bruxelas (p. 77)*

5 Coleção de Figurinos do Manneken-Pis

Seleção de 815 figurinos criados para a pequena estátua. *Maison du Roi, Bruxelas (p. 8)*

6 Esqueletos de Dinossauros

Os iguanodontes de Bernissart. *Musée des Sciences Naturelles, Bruxelas (p. 80)*

7 Livros Censurados pela Inquisição

Livros "heréticos" recobertos de tinta preta. *Maison d'Erasme, Bruxelas (p. 80)*

8 Ex-Votos

Miniaturas de animais e partes do corpo usadas para suplicar pela intervenção divina. *Béguinage d'Anderlecht (p. 80)*

9 Lixo Histórico

O valor arqueológico do lixo. *Archeologisch Museum, Bruges. Mariastraat 36a • Mapa K5 • Aberto 9h30-12h30, 13h30-17h ter-dom • Entrada paga*

10 Etiquetas de Identificação de Bebês Abandonados

Trágicas recordações de mães e filhos. *Maagdenhuis, Antuérpia (p. 106)*

Onze-Lieve-Vrouwekathedraal, Antuérpia; Église Notre-Dame du Sablon, Bruxelas

TOP 10 Igrejas

1 Cathédrale des Saints Michel et Gudule, Bruxelas

Depois da agitação da Grand Place, a catedral gótica cor de mel de Bruxelas é uma ilha de paz. Usada em casamentos e cerimônias fúnebres da realeza *(p. 68)*.

2 Église Saint-Jacques-sur-Coudenberg, Bruxelas

Uma das mais interessantes igrejas de Bruxelas ocupa posição proeminente, com vista para a Place Royale. Tirando seu campanário, lembra mais um templo romano do que uma igreja cristã *(p. 68)*.

3 Église Notre-Dame du Sablon, Bruxelas

A igreja do século XV da Guilda dos Arqueiros é um lindo exemplo do estilo gótico brabantino, iluminada por grandes vitrais *(p. 69)*.

Église Saint-Jean-Baptiste-au-Béguinage

4 Église Saint-Jean-Baptiste-au-Béguinage, Bruxelas

A exuberante fachada barroca flamenga desta igreja forma um contraste com sua história, como centro de uma comunidade feminina *béguine*. Algo da caridade e da moderação das mulheres ainda permeia seu interior *(p. 69)*.

5 Onze-Lieve-Vrouwekerk, Bruges

A igreja mais marcante de Bruges, com agulha da torre lembrando um foguete, no estilo austero do gótico Scheldt. O interior vem sendo reformado desde o século XIII. Seu maior tesouro é *A Virgem com o Menino Jesus*, de Michelangelo, doado por um mercador rico em 1514 *(p. 86)*.

6 Sint-Salvatorskathedraal, Bruges

Grandioso e sombrio, o ambiente desta igreja é apropriado a seu status de catedral de Bruges. Embora principalmente gótica, ela pode datar dos tempos cristãos primitivos. A torre foi erguida em estilo medieval no final do século XIX *(p. 88)*.

7 Sint-Baafskathedraal, Gent

O alto interior gótico e o coro barroco conferem à impressionante catedral de Gent uma qualidade forte *(p. 95)*. Mas ela é sobrepujada por seu maior tesouro: o magnífico *Adoração do cordeiro místico* *(pp. 26-7)*, de Jan e Hubrecht van Eyck.

Na maioria das igrejas, entrada paga apenas nos museus ou exposições especiais

Sint-Niklaasker k

8 Sint-Niklaaskerk, Gent

O interior da igreja mais atraente de Gent foi reformado por um recente programa de restauração, resultando num recinto iluminado e cheio de alegria que aproveita ao máximo a vigorosa estrutura gótica de pedra *(p. 95)*.

9 Onze-Lieve-Vrouwekathedraal, Antuérpia

Com apenas uma das duas torres concluída, a Catedral de Antuérpia exibe as cicatrizes de sua batalha secular para ser completada, mas o imenso interior dá uma clara indicação da escala das ambições de seus criadores. Ela forma um pano de fundo apropriado para dois trípticos estarrecedores de Rubens, além de lindas pinturas do final do século XIX *(pp. 28-9)*.

10 Sint-Jacobskerk, Antuérpia

O rico e ornamentado interior desta igreja atesta o fato de ter sido frequentada pela afluente elite durante a época áurea de Antuérpia no século XVII – entre outros por Rubens, que foi sepultado aqui na capela de sua família *(pp. 104-5)*.

Estilos Arquitetônicos

1 Românico
Séculos X-XII. Arcos semicirculares e colunas espessas. No Reino Unido, o estilo é conhecido como "normando".

2 Gótico
Séculos XIII-XVI.Arcos ogivais possibilitaram estruturas mais leves.

3 Gótico de Schelde (ou Escaldiano)
Séculos XIII-XIV. Uma versão inicial e austera do Gótico, típica do norte da Bélgica (região do rio Scheldt, ou Escalda).

4 Gótico Brabantino e Flamejante
Séculos XIV-XV. Uma forma mais delicada do Gótico usada em sedes de prefeituras, como a Stadhuis de Bruges.

5 Renascentista
Séculos XV-XVII. Estilo elegante inspirado na arquitetura grega e romana.

6 Barroco
Séculos XVII-XVIII. Interpretação floreada do estilo clássico, cheia de exuberância e autoafirmação.

7 Neoclássico
Séculos XVIII-XIX. O Clássico revisitado, ainda mais determinado a imitar os templos gregos e romanos.

8 Neogótico
Século XIX. O estilo gótico revisitado. Adotado especialmente pela renovação católica.

9 Art Nouveau
Final do século XIX, início do século XX. Tentativa de criar uma abordagem inteiramente nova: logo, "arte nova".

10 Art Déco
Anos 1920-1930. Estilo ousado, angular, glamouroso. O nome se deve a uma exposição de artes decorativas em Paris em 1925.

Musée Horta, detalhe dos corrimãos de ferro; Musée des Instruments de Musique

TOP 10 Edifícios Art Nouveau de Bruxelas

1 Musée Horta

Residência e ateliê do grande mestre da arquitetura art nouveau, Victor Horta, o Musée Horta é considerado o suprassumo do estilo. *(pp. 18-9).*

2 Hôtel Tassel

Projetado por Victor Horta em 1893-95, é considerado a primeira residência art nouveau. Até então, os ricos que encomendavam mansões nos subúrbios belgas adotavam qualquer estilo: mouro, medieval, toscano. Horta desviou-se desse "ecletismo" e desenvolveu um estilo mais integrado e refletido. Mansão particular de um engenheiro solteiro, o Hôtel Tassel foi pensado exlusivamente para o tipo de vida de seu proprietário, o que o tornou menos adaptável por proprietários subsequentes. *Rue Paul-Émile Janson 6, 1050 BRU (Ixelles)*

3 Maison de Paul Cauchie

Atrás de uma fachada que combina formas geométricas com belíssimos murais art nouveau encontra-se a residência do pouco conhecido pintor Paul Cauchie (1875-1952). *Rue des Francs 5, 1040 BRU (Etterbeek) • 02 733 86 84 • Aberta 1º fim de semana de cada mês, 10h-13h, 14h-17h30; mai-ago 18h-21h ter • Entrada paga*

Hôtel Hannon

4 Hôtel Saint-Cyr

O Art Nouveau tendia ao excesso, e essa acusação sem dúvida pode ser feita a esta casa – toda curva e com arcos, com uma janela panorâmica circular no piso superior. Projetada em 1900 para o pintor Saint-Cyr. *Square Ambiorix 11, 1000 BRU (Bruxelas)*

5 Hôtel Hannon

Muitas mansões art nouveau em Bruxelas foram derrubadas quando o estilo perdeu popularidade. Erguido em 1902, o Hôtel Hannon é uma raridade porque algumas decorações internas sobreviveram – e porque é aberto à visitação. *Ave de la Jonction 1, 1060 BRU (Saint-Gilles) • Mapa G2 • 02 538 42 20 • Aberto 11h-18h qua-sex, 13h-18h sáb e dom • Entrada paga*

6 Hôtel Ciamberlani

O artista Albert Ciamberlani (1864-1956) foi um dos responsáveis pelo enorme mural na colunata triunfal do edifício Cinquantenaire *(p. 39).* Ele contratou Paul Hankar (1859-1901), importante arquiteto art nouveau, para construir sua casa e ateliê em 1897. A fachada combina ferro, pedra e tijolos, criando efeito decorativo bem individual. *Rue Defacqz 48, 1050 BRU (Ixelles)*

Observe que o Hôtel Tassel, o Hôtel Saint-Cyr e o Hôtel Ciamberlani são residências particulares, não abertas ao público

7 Musée des Instruments de Musique, Bruxelas

O Art Nouveau também era chamado "estilo Liberty", devido à célebre loja londrina do mesmo nome. A loja "Old England", em Bruxelas, foi assim chamada graças a essa tendência. O prédio abriga o Museu de Instrumentos Musicais *(pp. 16-7)*.

8 Centre Belge de la Bande Dessinée

Victor Horta desenhou a loja têxtil Magasins Wauquez em 1903. Resgatada nos anos 1970, é agora o Centro Belga da História em Quadrinhos *(pp. 20-1)*.

Centre Belge de la Bande Dessinée

9 Le Falstaff

Este famoso restaurante e bar situado em frente à Bolsa data de 1903 e ainda evoca bastante a era em que foi criado. O interior é rico em detalhes art nouveau, como os vitrais, os espelhos, as luminárias e a mobília.

10 Hôtel Solvay

Aos 33 anos, o ainda desconhecido Victor Horta foi contratado pelo industrial Ernest Solvay para projetar esta casa. Sua forma fluida com cantos arredondados, o ferro fundido e o extraordinário uso de pedras fizeram do arquiteto um mestre no estilo art nouveau. *Avenue Louise 224, 1050 BRU (Ixelles)*

Maravilhas Arquitetônicas

1 Jeruzalemkerk, Bruges
Igreja de influência bizantina inspirada por uma peregrinação à Terra Santa *(p. 89)*.

2 Palais de Justice, Bruxelas
Joseph Poelaert aplicou todos os estilos neoclássicos possíveis neste enorme e imponente monumento à justiça *(p. 70)*.

3 Pavillon Chinois, Tour Japonaise, Bruxelas
Duas belas construções orientais se elevam em meio ao Parc de Laeken *(p. 77)*.

4 Serres Royales, Bruxelas
Estufas reais arquitetonicamente magníficas, construídas na década de 1870 *(p. 80)*.

5 Arco do Cinquantenaire
Arco neoclássico de 45m com uma quadriga no alto *(p. 39)*.

6 Hôtel Saint-Cyr, Bruxelas
O mais estravagante prédio art nouveau da cidade *(p. ao lado)*.

7 Estação Central, Antuérpia
A estação criada por Louis Delacenserie mistura estilos neoclássicos *(p. 106)*.

8 Palais Stoclet, Bruxelas
Projetada por Josef Hofmann e decorada por Gustav Klimt, esta mansão particular foi a sensação arquitetônica de sua época *(p. 80)*.

9 O Atomium, Bruxelas
Modelo gigante de um cristal de ferro, criado para a Exposição Universal de 1958 *(p. 77)*.

10 Basilique Nationale du Sacré-Coeur, Bruxelas
Há algo estranhamente destituído de alma nesta enorme igreja do século XX *(p. 80)*.

*O Centro de Informação Turística de Bruxelas (***p. 112***) informa sobre passeios especializados em Art Nouveau*

Condes Egmont e Hoorn, Place du Petit Sablon, Bruxelas; A Revolução de 1830

TOP 10 Momentos da História da Bélgica

1 Anos 50 a.C.: Júlio César

O exército romano sofreu repetidos reveses em sua luta contra os corajosos *belgae*, mas Roma acabou vencendo, e por 400 anos a Bélgica prosperou sob a Pax Romana do governo provincial.

2 843 d.C.: Tratado de Verdun

Depois dos romanos vieram os francos, cujo império atingiu seu apogeu sob Carlos Magno. Após a morte dele, um tratado dividiu sua pátria ao longo do traçado do rio Scheldt (Escalda), divisão a partir da qual surgiriam Flandres e a Valônia.

3 1302: Batalha das Esporas Douradas

A França dominou Flandres por boa parte da Idade Média, o que com o tempo provocou uma revolta popular. Na Batalha das Esporas Douradas, uma força rebelde flamenga humilhou a nata do exército francês.

Filipe, o Bom, por Rogier van der Weyden

4 1384: a Borgonha domina Flandres

Em 1384, com a morte de Louis de Male, conde de Flandres, seu título foi herdado pelo genro, Filipe, o Bravo (1342-1404), duque da Borgonha. Os poderosos duques da Borgonha estenderam seu controle aos Países Baixos. O reino borgonhês viveu a época áurea sob Filipe, o Bom (reinado 1419-67). A capital, Bruges, era o centro de império mercantil.

5 1568: Guerras Religiosas

Carlos V, imperador do Sacro Império Romano-Germânico e rei da Espanha, herdou os territórios borgonheses, mas enfrentou oposição violenta à medida que o protestantismo ganhava força. Um momento decisivo ocorreu em 1568, no reinado de Filipe II, quando os condes Egmont e Hoorn foram executados por se oporem à perseguição aos protestantes. O território acabou dividido entre o norte protestante (a atual Holanda) e o sul católico (a atual Bélgica).

6 1815: Batalha de Waterloo

Em 1713 os Países Baixos espanhóis passaram para o domínio da Áustria, e grupos conservadores começaram a buscar a independência belga. Sua revolta foi varrida em 1794, com a invasão dos exércitos revolucionários franceses. Os belgas se dividiram em relação aos méritos do domínio napoleônico e combateram dos dois lados, quando Napoleão finalmente foi derrotado pelos Aliados em Waterloo *(p. 62)*.

7 1830: a Revolução Belga

Após Waterloo, o Congresso de Viena (1815) pôs a Bélgica sob domínio holandês, solução profundamente rejeitada. A revolta explodiu em 1830, quando foi declarada a independência e o exército holandês, expulso de Bruxelas.

8 1914-18: Primeira Guerra Mundial

No início da Primeira Guerra Mundial, o exército alemão invadiu a neutra Bélgica. Os belgas frustraram seu avanço, inundando a terra. A frente de guerra foi traçada perto da cidade medieval de Ypres *(p. 63)*. Meio milhão de pessoas dos dois lados morreram ali nos quatro anos seguintes.

A linha de frente em Ypres, Primeira Guerra

9 1940-44: Segunda Guerra Mundial

A história se repetiu em maio de 1940, quando o exército alemão lançou uma guerra relâmpago contra a Bélgica para flanquear a Linha Maginot, que bloqueava sua entrada na França. Bruxelas foi libertada em setembro de 1944.

10 1957: Tratado de Roma

Tendo sido vítimas involuntárias de duas Guerras Mundiais, os belgas apoiaram com entusiasmo o Tratado de Roma, que deitou as bases da União Europeia. Com o tempo, Bruxelas efetivamente se tornou a "capital da Europa".

Figuras Históricas

1 Balduíno Braço de Ferro

Balduíno (morto em 878) foi o primeiro conde de Flandres, fazendo de Bruges sua fortaleza.

2 Pieter de Coninck e Jan Breydel

De Coninck, tecelão, e Breydel, açougueiro, lideraram a rebelião flamenga contra os franceses, lançada em 1302.

3 Filipe, o Bravo

Filipe, o Bravo, inaugurou a era borgonhesa nos Países Baixos depois de herdar o controle de Bruxelas e Flandres.

4 Filipe, o Bom

Filipe, o Bom (reinou em 1419-67), fundou a Ordem do Tosão de Ouro e foi um grande patrono das artes.

5 Carlos V

Nascido em Gent, Carlos V (1500-58) formou o maior império na Europa desde os tempos romanos. As opiniões a seu respeito se dividem.

6 Isabel e Alberto

A corte da infanta Isabel (1566-1633) e do arquiduque Alberto (1559-1621) marcou um período mais calmo do governo espanhol dos Habsburgos.

7 Carlos e Lorena

Governador-geral austríaco (governo 1744-80) que dizem ter levado o Iluminismo a Bruxelas.

8 Rei Leopoldo I

Primeiro rei da Bélgica (reinado 1831-65), apreciado pelo engajamento no trabalho.

9 Rei Leopoldo II

Segundo rei da Bélgica (reinado 1865-1909) *(p. 78)*.

10 Paul-Henri Spaak

Primeiro-ministro socialista nos anos do pós-guerra, Spaak (1899-1972) exerceu papel central na criação da UE.

Veja mais sobre a melhor exposição da evolução histórica de Bruxelas, na Maison du Roi, na **p. 8**

Hergé; Johnny Hallyday

TOP 10 Belgas Famosos

1 Gerardo Mercator

A maioria dos mapas escolares do mundo ainda é baseada na chamada "projeção Mercator", maneira engenhosa de representar o globo esférico em uma página plana. Mercator (1512-94) também teria criado o primeiro "atlas", termo que cunhou.

2 Georges Simenon

Um dos escritores mais vendidos no mundo, Simenon (1903-89) nasceu e cresceu em Liège. Seu personagem mais famoso, o Inspetor Maigret, aparece em 75 de seus 400 romances.

Rainha Astrid

3 Rainha Astrid

O príncipe Leopoldo da Bélgica se casou em 1926 com a linda princesa sueca Astrid. Quando foram coroados, em 1934, já tinham três filhos pequenos, mas no ano seguinte ela morreu em um trágico acidente de carro na Suíça, aos 29 anos.

4 Hergé

Georges Remi (1907-83) foi um ilustrador autodidata de Etterbeek, subúrbio de Bruxelas. Em 1929 publicou a história intitulada *Tintim no país dos sovietes*, e assim nasceu a mais famosa personagem de quadrinhos do país. Desde então já foram vendidos 200 milhões de livros de Tintim em todo o mundo, em cerca de 50 línguas. Para criar seu pseudônimo, Georges Remi inverteu suas iniciais e as escreveu como soam.

5 Jacques Brel

Jacques Brel (1929-78) ainda é, para muitas pessoas, o maior cantor-compositor na língua francesa. Embora tenha chegado à fama primeiramente na França, permaneceu fiel a suas origens belgas. A Fundação Jacques Brel, em Bruxelas, celebra sua vida e obra. *Place de la Vieille Halle aux Blés 11 • Mapa C3 • 02 511 10 20 • www.jacquesbrel.be • Aberta 10h-18h ter-sab; 11h-18h dom. Fecha seg e feriados • Entrada paga*

6 Johnny Hallyday

Johnny Hallyday (n. 1943) é visto como "padrinho do rock'n'roll francês", mas a Bélgica também o reivindica: seu pai era belga. Em longa carreira, vendeu mais de 100 milhões de discos. E atua também como ator de cinema, tendo impressionado a crítica com seu desempenho no papel-título de *L'Homme du Train* (*Uma passagem para a vida*, 2002).

Veja mais sobre Hergé e Tintim nas **pp. 20-1**

Jacques Brel

7 Eddie Merckx
O ciclismo é popular na Bélgica, e nenhum nome é mais respeitado que o de Eddie Merckx (1945-), pentacampeão do Tour de France (1969-72 e 1974).

8 Jean-Claude van Damme
Ex-campeão de caratê, Jean-Claude van Damme (1960-) trabalhou como entregador de pizzas e instalador de carpetes, antes de fazer nome em filmes como *Cyborg – o dragão do futuro*, *Kickboxer – o desafio do dragão* (1989) e *Soldado universal* (1992).

9 Justine Henin-Hardenne
Ao lado de Kim Clijsters *(abaixo)*, Justine Henin elevou o tênis belga a um novo nível. Teve sua primeira vitória no Grand Slam no Aberto da França em 2003, vencendo o dos Estados Unidos no mesmo ano – sempre em finais contra Clijsters.

10 Kim Clijsters
O pai de Kim Clijsters, Lei, lançou a filha a caminho do sucesso ao construir para ela uma quadra de saibro na residência familiar em Bree, província de Limburg. Em 2003 Clijsters se tornou a primeira belga a chegar a nº 1 no ranking mundial.

Belgas um Pouco Menos Famosos

1 Andreas Vesalius
Conhecido como "pai da anatomia moderna", Vesalius (1514-64) foi médico de Carlos V e de Filipe II da Espanha.

2 Adolfo Sax
Conhecido principalmente como o inventor do saxofone, Sax (1814-94) criou diversos instrumentos musicais inovadores.

3 Padre Damien
Missionário (1840-89) que dedicou a vida a cuidar de hansenianos no Havaí. Foi canonizado em 2009.

4 Victor Horta
O inovador arquiteto art nouveau visto como responsável pelo amadurecimento do estilo *(pp. 18-9)*.

5 Léo-Hendrik Baekeland
Químico (1863-1944) que inventou a baquelita, o primeiro plástico totalmente sintético.

6 Henri van de Velde
Importante designer art nouveau (1863-1957), cujo trabalho lançou as bases do movimento Bauhaus.

7 Adrien de Gerlache
Explorador polar pioneiro (1866-1934), liderou a primeira expedição a passar o inverno na Antártica, em 1897-99.

8 Jacky Ickx
Um dos grandes pilotos de Fórmula 1 dos anos 1960 e 1970 (1945-).

9 Anne Teresa De Keersmaeker
Uma grande coreógrafa (1960-) do mundo da dança contemporânea.

10 Dries van Noten
Famoso estilista (1958-) que ajudou a levar Antuérpia para a vanguarda da alta-costura.

Ommegang, Bruxelas; Procissão do Sangue Sagrado, Bruges

TOP 10 Festivais e Eventos

1 Ommegang, Bruxelas

Na parada mais espetacular de Bruxelas, cerca de 2 mil pessoas vestidas de nobres renascentistas, membros de guildas, soldados da cavalaria e artistas fazem uma *ommegang* (volta) pela Grand Place. Consta que a tradição data de 1549. *Primeira ter e qui de jul*

Plantio da árvore de maio, Bruxelas

2 Plantio do Meiboom, Bruxelas

Tradição desde 1213. Encabeçados pela Confrérie des Compagnons de Saint-Laurent, trajando estranhos figurinos e acompanhados de sete figuras gigantes, os participantes conduzem uma árvore de maio pelo centro de Bruxelas e então a plantam na esquina da Rue du Marais com a Rue des Sables. *9 ago (a partir das 14h)*

3 Foire du Midi, Bruxelas

Grande parque de diversões barulhento, montado no verão ao longo do Boulevard du Midi com os mais modernos brinquedos, além de carrinhos bate-bate, montanha-russa e todos os demais favoritos. *Meados jul-meados ago*

4 Heilig Bloedprocessie, Bruges

Maior evento ao ar livre em Bruges, a Procissão do Sangue Sagrado segue uma tradição de 800 anos: 40 dias após a Páscoa, a relíquia santa do Sangue Sagrado é carregada pelas ruas em procissão colorida, espetacular mas, no fundo, solene, caracterizada por suntuosos figurinos medievais e bíblicos. *Dia da Ascensão do Senhor (mai)*

5 Praalstoet van de Gouden Boom, Bruges

Apresentado pela primeira vez em 1958, a Procissão da Árvore de Ouro acontece em Bruges a cada cinco anos. Em uma parada, o povo, fantasiado, evoca os dias de glória da era borgonhesa. *Final ago (próxima em 2016)*

6 Reiefeest, Bruges

O rio de Bruges é o Reie. Esta festa popular realizada a cada três anos celebra seu papel na história da cidade. Várias cenas históricas são encenadas à noite em diversos pontos à beira d'água, criando um efeito mágico e ressaltando a arquitetura da cidade. *Últimos dez dias de ago (próxima em 2014)*

7 Gentse Floraliën, Gent

Esta feira de flores acontece a cada cinco anos no Flanders Expo, a sudoeste do centro da cidade. O setor de cultivo de flores de Gent é famoso por suas begônias, azaleias, rododendros e rosas. *Final abr (próxima em 2015)*

8 Festival van Vlaanderen

Uma programação impressionante de música erudita – além de jazz, world music e dança – acontece em vários pontos de Flandres a cada verão e outono, com apresentações nas salas principais, em igrejas e outros edifícios históricos. ✆ *www.festival.be • Jun-out*

9 Toussaint, em toda a Bélgica

O Dia de Todos os Santos é seguido pelo Jour des Morts, o Dia de Finados, quando os belgas lembram seus mortos, arrumando os cemitérios e enchendo-os de flores – mais de 50 milhões delas, sobretudo crisântemos, que reluzem suavemente com as cores outonais. ✆ *1º-2 nov*

10 Fête de Saint-Nicolas, em toda a Bélgica

O Dia de São Nicolau é festejado pelas crianças com entusiasmo maior ainda que o Natal. Com os trajes do bispo de Mira, São Nicolau percorre as ruas com seu companheiro Zwarte Piet, pintado de preto, e as crianças ganham presentes, doces e os tradicionais biscoitos speculoos biscuits. ✆ *6 dez*

Dia de São Nicolau

Eventos e Locais Esportivos

1 Ronde van Vlaanderen

Clássica corrida de ciclismo. ✆ *1º dom de abr*

2 Liège-Bastogne-Liège

Mais antiga prova de ciclismo da Copa Mundial. ✆ *3º dom de abr*

3 Zesdaagse van Gent

A importante competição do ciclismo europeu de velocidade. ✆ *'t Kuipke, Citadelpark, Gent • Mapa P6 • Final nov*

4 Torneio Memorial Ivo van Damme

Mais importante torneio de atletismo belga. ✆ *Stade Roi Baudouin, Bruxelas • Mapa F1 • Final set*

5 Corrida de 20km em Bruxelas

A famosa minimaratona de Bruxelas. ✆ *Último dom de mai*

6 GDF Suez Diamond Games

Prestigioso torneio internacional de tênis feminino. ✆ *Sportpaleis, Antuérpia • Início dez*

7 Dérbi Belga, Ostende

Destaque do hipismo. ✆ *Wellington Renbaan • Sáb em meados de jun*

8 Estádio Roi Baudouin

Diversos esportes. ✆ *Ave du Marathon 135, 1020 BRU (Laeken) • Mapa F1 • 02 474 39 40*

9 Estádio Constant Vanden Stock, Bruxelas

O estádio do RSC Anderlecht. ✆ *Avenue Théo Verbeeck, 1070 BRU (Anderlecht) • Mapa F2 • 02 522 15 39 • www.rsca.be*

10 Estádio Jan Breydel (Olympiapark), Bruges

Estádio compartilhado pelo Club Brugge e o Cercle Brugge. ✆ Olympialaan 74, *8200 Bruges (Sint-Andries) • 050 40 21 21 • www.clubbrugge.be*

Passeio de barco em um canal; Musée du Jouet

TOP 10 Atrações para Crianças

1 Bruparck, Bruxelas

Perto do Atomium *(p. 77)*, o Bruparck tem diversão garantida para a família inteira – com cinema multiplex, conjunto de piscinas, bares, restaurantes e uma "Minieuropa" de modelos em miniatura *(p. 80)*.

Minieuropa e o Atomium

2 Centre Belge de la Bande Dessinée, Bruxelas

As crianças mais velhas se empolgam com este museu incomum, um tanto quanto especializado; as crianças menores talvez não, especialmente se não falarem francês nem holandês *(pp. 20-1)*.

3 Passeio de Bonde Histórico, Bruxelas

Deve agradar às crianças de todas as idades. Um bonde antigo percorre, chiando, o caminho arborizado do Musée du Tram Bruxellois até o Musée Royal de l'Afrique Centrale *(p. 78)*, ida e volta.

4 Musée du Jouet, Bruxelas

Os museus de brinquedos costumam deixar as crianças entediadas, mas este é exceção à regra, com objetos que podem ser manuseados *(p. 70)*.

5 Coleção de Figurinos do Manneken-Pis, Bruxelas

Você pode ter a sorte de encontrar o Manneken-Pis *(p. 10)* num dia em que está fantasiado. É divertido conhecer seu extraordinário guarda-roupa na Maison du Roi *(p. 8)*, onde são expostos cem de seus 815 figurinos.

6 Walibi Bélgica

O maior parque de diversões da Bélgica tem desde montanhas-russas e quedas verticais até brinquedos aquáticos, além de carrinhos mais calmos e tradicionais que percorrem trilhas e carrosséis para crianças menores. Há também o complexo aquático Aqualibi, com várias piscinas, tobogãs e escorregadores. *Wavre • Walibi Belgium: 010 42 15 00. Aqualibi: 010 42 16 03 • Aberto em horários variados; consulte o site para mais informações • www.walibi.be • Entrada paga*

7 Passeios de Barco em Canais, Bruges e Gent

Vistos a partir de um barco de passeio nos canais, os pontos turísticos de Bruges e Gent se revelam sob nova luz. Os barcos partem de diversos lugares no centro de Bruges *(p. 84)* e do Graslei e Korenlei, em Gent *(p. 95)*.

8 Belfort, Bruges

Uma experiência digna de um parque temático medieval: o desafio de subir uma escada um pouco assustadora, a vista que se tem do alto e o choque terapêutico do barulho dos sinos tocando quando se está no alto. Pode haver fila para entrar *(p. 85)*.

9 Parque Marítimo Boudewijn, Bruges

Parque de diversões. Muitos dos brinquedos têm temática marinha, e vários foram criados para crianças menores. Também há um "golfinário" coberto, com apresentações de golfinhos e focas. *Alfons De Baeckestraat 12, 8200 Sint Michiels (Bruges) • 050 38 38 38 • www.boudewijnseapark.be • Ligue para saber horários • Entrada paga (grátis para crianças com menos de 1m de altura)*

10 Jardim Zoológico de Antuérpia

Um dos zoos mais antigos do mundo (1843). Veja show de leões-marinhos, elefante tomando banho, um novo lago de hipopótamos e répteis que podem ser tocados. O zoo também é um Centro de Pesquisa e Conservação. *Koningin Astridplein 26 • Mapa V2 • 03 202 45 40 • www.zooantwerpen.be • Aberto 10h-final da tarde diariam (horário de fechamento varia segundo estação, entre 16h45 e 19h) • Entrada paga*

Pinguins no Zoológico de Antuérpia

Outras Atrações para Crianças

1 Parc du Cinquantenaire, Bruxelas

Os três museus deste parque têm variedade para agradar a todas as idades *(p. 77)*.

2 MIM, Bruxelas

A música nos fones de ouvido muda à medida que você anda pelo museu – uma fórmula que dá certo *(pp. 16-7)*.

3 Scientastic, Bruxelas

Fascinante exposição que explica princípios da ciência. *Estação de Metrô Bourse (nível -1) • Mapa B3 • 02 732 13 36*

4 Musée de Sciences Naturelles, Bruxelas

Bom para os futuros cientistas, ecologistas e fanáticos por dinossauros *(p. 80)*.

5 Musée des Egouts, Bruxelas

Visitas aos esgotos – uma atração eterna *(p. 40)*.

6 Musée du Cacao et du Chocolat, Bruxelas

Veja e saboreie o chocolate enquanto está sendo feito. *Rue de la Tête d'Or 9-11 • Mapa C3 • 02 514 20 48*

7 Musée des Enfants, Bruxelas

Popular museu para crianças de 4-12 anos. Público limitado. *Rue du Bourgmestre 15, 1050 BRU (Ixelles) • 02 640 01 07*

8 Het Huis van Alijn, Gent

Mágico museu folclórico *(p. 96)*.

9 Het Gravensteen, Gent

Castelo medieval restaurado, inclui masmorra. *Sint-Veerleplein • Mapa P1 • 09 225 93 06*

10 MAS (Museum Aan de Stroom), Antuérpia

À beira-rio, este museu explora a história da Antuérpia como centro comercial *(p. 103)*.

Seleção de cervejas engarrafadas; Chocolates belgas

TOP 10 Compras

1 Chocolate
O chocolate belga é merecidamente famoso. Seus fabricantes usam cacau de alta qualidade e reintroduzem uma parte generosa de manteiga de cacau. Também inventaram o meio de produzir chocolates recheados em escala industrial. Graças a isso, esses primorosos chocolates têm relação custo-benefício boa.

Rendeira

2 Renda
Na Bélgica do século XIX havia dezenas de milhares de rendeiras, muitas vivendo na penúria. A produção foi enfraquecida pela invenção das máquinas de fazer renda, e até certo ponto continua assim. Se você quiser comprar a boa renda belga feita à mão, vá a uma loja conceituada, exija um selo de autenticidade e preveja pagar um preço alto.

3 Cerveja
Em 1900 havia mais de 3.200 cervejarias na Bélgica; hoje existem pouco mais de cem, mas elas ainda produzem uma variedade espantosa de cervejas *(pp. 58-9)*. As mais famosas são produzidas pelos mosteiros trapistas, mas mesmo as mais leves, do estilo lager, como Stella Artois e Jupiler, seguem altos padrões.

4 Biscoitos e Produtos de Confeitaria
É difícil não babar diante das vitrines encantadoras das confeitarias belgas, e os produtos de dar água na boca são tão saborosos quanto belos. Outra opção é comprar os famosos biscoitos de lojas especializadas como a Dandoy *(p. 11)*.

5 Tapeçaria
A tapeçaria era uma das grandes produções medievais de Bruxelas e Bruges. Ainda é produzida artesanalmente, mas é claro que as grandes peças têm preços de luxo.

6 Alta-Costura
Nas últimas duas décadas, a Bélgica – especialmente Antuérpia – passou a integrar o primeiro plano do mundo da moda, com estilistas como Ann Demeulemeester, Dries van Noten, Raf Simons e Walter van Bierendonck. Muitos estilistas têm suas próprias lojas em Antuérpia *(p. 107)*, mas também em outras cidades, como na Rue Dansaert, em Bruxelas *(p. 71)*.

7 Moda Infantil

Há muitas lojas de moda infantil na Bélgica, e seus produtos são irresistíveis – desde roupas de algodão para brincar, que aguentam tudo, até casacos e chapéus de inverno de confecção primorosa, além de divertidos calçados.

8 Diamantes

Mais de três quartos dos diamantes brutos do mundo passam pelas bolsas de Antuérpia; muitos deles são cortados, lapidados e montados aqui. Você pode encontrar algumas pechinchas, mas, é claro, sabendo o que está fazendo. Na dúvida, consulte a Hoge Raad voor Diamant (HRD), que comanda um sistema confiável de certificação. *HRD: www.hrd.be*

9 Antiguidades e Bricabraques

A Bélgica é terreno fértil para aqueles que apreciam um pouco de tudo, de gibis antigos e maçanetas em estilo art nouveau a escrivaninhas Luís XVI e relógios de ouropel. Tudo isso pode ser encontrado em Bruxelas entre a Place du Jeu de Balle e a Place du Grand Sablon *(p. 71)*.

10 Artigos Ligados a Tintim

Os fãs de Tintim o encontrarão nas mais variadas formas: em livros, bonecos, games, camisetas, cartões-postais, capas de celular, papel de carta etc. Os personagens são todos protegidos por direitos autorais, de modo que os artigos, de alta qualidade, são caros. Há lojas no centro de Bruxelas, Antuérpia e Bruges.

Boneco de Tintim

Chocolates, Biscoitos e Confeitaria

1 Leonidas

Um dos fabricantes de chocolate favoritos do país. Não tão caro quanto seus rivais do primeiro escalão. *www.leonidas.com*

2 Godiva

Produz chocolates de luxo. Tem representações em todo o mundo. *www.godiva.be*

3 Neuhaus

Visto como responsável pela criação da pralina e do *ballotin* (caixinha). *www.neuhaus.be*

4 Corné Toison d'Or

Chocolates finos, com presença nacional e uma loja nas Galeries Royales de St-Hubert, em Bruxelas *(p. 10)*.

5 Wittamer

Chocolates, bolos e biscoitos imperdíveis *(p. 72)*. *www.wittamer.com*

6 Pierre Marcolini

Chocolates fabulosos, inteiramente feitos de ingredientes naturais. *www.marcolini.be*

7 Mary

Chocolates primorosos. *www.marychoc.com*

8 Galler

Produz chocolates para o mercado de massas, mas de alta qualidade. Suas famosas *langues de chat* têm o formato de um gato sorridente.

9 Biscuiterie Dandoy

Fabricante de biscoitos maravilhosos, inigualáveis *(p. 11)*.

10 Jules Destrooper

Fabricante de biscoitos para o mercado de massas desde 1886. Suas inconfundíveis caixas azuis e brancas contêm delícias finas como os "pães de amêndoa". *www.destrooper.com*

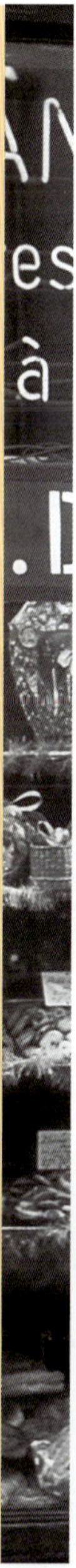

Veja mais sobre as dicas de compras nas **pp. 71, 90, 98 e 107**

Moules-marinières; Waffles

Top 10 Destaques Culinários

1 Batatas Fritas

As frites (batatas fritas) belgas são simplesmente as melhores do mundo. São fritas em óleo de alta qualidade não uma vez, mas duas, para ficarem marrom-douradas e bien croustillantes (crocantes). As frites podem ser um prato secundário ou, servidas com maionese, uma refeição por si só.

Fritas com maionese

2 Mariscos e Crustáceos

Os frutos do mar têm papel de destaque na culinária belga. Mexilhões com fritas (moules-frites) são o prato nacional. Também são populares as ostras (cruas) e vieiras (cozidas). Uma diversão favorita na hora do almoço é devorar um plateau de fruits de mer (bandeja de frutos do mar).

3 Peixes

Os barcos do mar do Norte trazem diariamente linguado, arraia, bacalhau e badejo. Para ver a diversidade de espécies, visite o Vismarkt (mercado de peixes), na região central de Bruges. Em Bruxelas, a Place Sainte-Catherine tem vários restaurantes especializados em peixes.

4 Filé

Ele existe em qualquer restaurante ou bistrô, mas o steak-frites (filé com fritas) é sempre excelente, a melhor pedida para uma noite fria. Você entenderá por que a carne é boa quando for a um açougue: os padrões de qualidade são altos porque os fregueses belgas são exigentes e bons conhecedores de carne.

5 Steak Américain

Os belgas confiam em sua carne bovina a ponto de comê-la crua, como no steak américain. Um toast cannibale é a mesma coisa em forma de lanche.

6 Carne de Caça

Na Bélgica, o inverno é tempo de receitas com carne de caça, como o faisan à la brabançonne, faisão cozido com endívias caramelizadas. Também é muito apreciada a carne de lebre, coelho, cervo, javali, marreco e galinha-d'angola. Boa parte da "carne de caça" hoje vem de animais criados.

Chicons au gratin (endívia belga)

7 Cozinhando com Cerveja

Vários pratos clássicos belgas são preparados com cerveja, especialmente os cozidos de carne bovina chamados carbonnades flamandes ou vlaamse stoverij. Em alguns restaurantes (como o Den Dyver, em Bruges, *p. 92*), quase o cardápio inteiro envolve cerveja.

8 Endívia Belga

Uma grande criação belga. Quando tentava cultivar alface chicorée (chicória) no inverno, por volta de 1840, um jardineiro de Bruxelas descobriu que ela produzia brotos suculentos, próprios para salada. Podem ser consumidas cruas, mas seu sabor doce e ligeiramente amargo ressalta mais quando cozidas, ou servidas como acompanhamento ou em pratos como os chicons au gratin. Chicon (ou endives) é o termo francês, witloof é o holandês.

9 Produtos de Confeitaria

Todo vilarejo e comunidade na Bélgica tem uma boa confeitaria; a maioria das ruas comerciais tem várias. Esses doces maravilhosos feitos com frutas frescas, chocolate, creme, creme de confeiteiro e massa folhada são parte da vida belga.

Profiterole

10 Waffles

Os waffles (gaufres/wafels) são uma grande tradição belga. Preparados na hora e polvilhados com açúcar de confeiteiro, são comidos como lanche, em parques de diversões, na praia e nas ruas comerciais. São associados a festas, e em ocasiões festivas as famílias utilizam suas próprias formas para fazer waffles.

Clássicos da Culinária Belga

1 Carbonnades Flamandes/Vlaamse Stoverij
Cozido de carne preparado com cerveja belga – forte, suculento e adocicado, vai bem com batatas fritas, mostarda e maionese.

2 Moules-Marinière
Mexilhões cozidos no vapor até abrirem, refogados com vinho branco, cebolinha, cebola e salsa; geralmente servidos em um tipo de balde, acompanhados por um prato de batatas fritas.

3 Waterzooi
Prato cremoso de frango (ou peixe) com caldo; prato tradicional de Gent.

4 Chicons au Gratin
Endívias belgas envoltas em presunto e assadas em molho cremoso de queijo.

5 Anguilles au Vert/Paling in 't Groen
Enguias cozidas em molho de ervas verdes frescas.

6 Garnaalkroketten
Croquetes de batata frita recheados com camarão; excelente entrada ou lanche.

7 Salade Liégeoise
Salada quente de batatas e vagens, ou alface crespa, com pedaços de bacon fritos.

8 Stoemp
Purê de batatas misturado com uma hortaliça, como cenoura ou couve-rábano, ou carne picadinha.

9 Flamiche aux Poireaux
Torta semelhante a uma quiche, feita com alho-poró.

10 Jets d'Houblon
Brotos de lúpulo, subproduto primaveril da produção de cerveja, geralmente servidos com molho cremoso. O sabor é semelhante ao de aspargos.

Garrafas de Brugse Witbier; Loja especializada em cervejas

TOP 10 Tipos de Cerveja Belga

1 Cerveja Trapista

No passado, algumas das melhores cervejas do país eram feitas pelos trapistas, uma ordem de monges cistercienses. Hoje, são produzidas comercialmente por cinco cervejarias que têm vínculos estreitos com os mosteiros (Chimay, Westmalle, Orval, Rochefort e Westvleteren). A levedura é acrescentada no engarrafamento, para induzir uma segunda fermentação; portanto, sirva cuidadosamente, de uma só vez, para não levantar o sedimento.

Chimay

2 Cervejas de Abadias

Outras abadias também produziam cerveja, mas, ao contrário dos mosteiros trapistas, várias concederam licenças a cervejarias comerciais. A Leffe, por exemplo, hoje é vinculada à InBev. Dito isso, muitas das cervejas de abadias são ótimas. Também há excelentes cervejas "ao estilo das de abadias", como Ename e Floreffe.

3 Witbier/Bière Blanche

Em geral a cerveja é feita de cevada, mas também pode ser de trigo, resultando em uma "cerveja branca", à qual podem ser adicionados temperos como coentro e casca de laranja. A bebida fica leve, espumante e refrescante. Exemplos: Hoegaarden, Brugs Tarwebier.

4 Lambic

No vale do Senne, o rio que atravessa Bruxelas, existe no ar um levedo natural chamado *Brettanomyces*. Há séculos os cervejeiros simplesmente deixam seu mosto de cerveja de trigo morno, descoberto durante o inverno, para que o ar o infunda de levedo. Então a cerveja fermentada é deixada em barris de madeira para madurar durante um ano ou mais. O resultado é uma bebida muito singular, com ligeiro sabor de vinho, chamada lambic – a cerveja própria de Bruxelas.

5 Gueuze

Cervejas lambic de várias idades podem ser misturadas e depois fermentadas uma segunda vez na garrafa. Isso resulta numa bebida chamada gueuze, espumante como champanhe e amadurecida mais um ou dois anos para acentuar a qualidade semelhante ao vinho do produto original.

6 Kriek

A lambic pode ser temperada com cerejas (no passado, as cerejas dos pomares de Schaerbeek, ao norte de Bruxelas) acrescentadas durante a fermentação para criar uma bebida diferente chamada kriek; com framboesas, para produzir a framboise, ou com açúcar, para resultar na faro. Os novatos podem achar mais fácil começar com a faro.

Kriek

Há bares especializados em cerveja em todas as principais cidades, servindo centenas de tipos

7 Dupla/Tripla

As cervejarias classificavam suas cervejas pela intensidade: a simples aparentemente era de 3%, a dupla, 6%, e a tripla, 9%. Algumas cervejarias, especialmente as abadias, ainda rotulam suas bebidas como dupla (dubbel) e tripla (tripel). A dupla é escura e adocicada; a tripla costuma ser dourada.

Brugse Tripel

8 Cervejas Lager

A lager, ou pils, é uma cerveja fermentada por baixo: o levedo permanece no fundo da bebida (as ales, mais pesadas e fortes, são fermentadas por cima, encerrando mais sabor). As cervejas leves podem ser malvistas por conhecedores no exterior, mas na Bélgica são produzidas com qualidade. A famosa Stella Artois, da InBev, produzida em Leuven, é uma lager de boa qualidade.

9 Ales Fortes

Algumas cervejarias se orgulham da intensidade de seu produto. A Duvel ("Diabo"), com 8,5% de álcool, é um exemplo famoso. Algumas afirmam ser as cervejas mais fortes da Bélgica; com 12%, a cerveja Bush é a mais forte de todas, a ser tratada com respeito.

Duvel

10 Cervejas de Natal

Muitas cervejarias produzem ales para a temporada das festas. Podem ser apenas versões de seu produto normal apresentadas em embalagens alegres, mas também podem ser ales enriquecidas, de alta intensidade.

Lugares Ligados à Cerveja

1 Musée Bruxellois de la Gueuze, Bruxelas
Provavelmente o melhor museu da cervejaria em Bruxelas, na velha e pitoresca cervejaria Cantillon *(p. 80)*.

2 À la Mort Subite, Bruxelas
Famoso bar no centro de Bruxelas, com uma gueuze que leva seu nome *(p. 72)*.

3 Chez Moeder Lambic, Bruxelas
Reverenciado "altar" da cerveja em Saint-Gilles, serve 450 tipos de cerveja *(p. 81)*.

4 In 't Spinnekopke, Bruxelas
Famoso estaminet (pub tradicional) antigo, serve diversos pratos preparados com cerveja *(p. 75)*.

5 Huisbrouwerij De Halve Maan, Bruges
Cervejaria pequena, boa para se visitar, produz a Straffe Hendrik ("Henrique Forte") *(p. 88)*.

6 't Brugs Beertje, Bruges
Clássico pub de cerveja, serve 300 variedades, além de diversos "chopes de convidados" *(p. 91)*.

7 Den Dyver, Bruges
Restaurante especializado em culinária com cerveja, servida com cervejas finas *(p. 92)*.

8 In de Plantenmarkt, Bruges
Popular entre os moradores locais, este pub serve uma boa seleção de cervejas *(p. 91)*.

9 Dulle Griet, Gent
Pub famoso que serve 250 marcas de cerveja *(p. 98)*.

10 Kulminator, Antuérpia
Bar especializado em cerveja, com 500 marcas, tem a que seria a cerveja mais forte do mundo.

Lojas especializadas em cervejas vendem a linha completa de marcas. Muitas das principais também são encontradas nos supermercados.

Le Botanique, Bruxelas; De Vlaamse Opera, Gent

TOP 10 Ópera, Concertos e Teatros

1 Théâtre Royal de la Monnaie, Bruxelas

Mais reverenciado espaço de espetáculos de arte do país, o La Monnaie (em holandês: De Munt) é famoso por ter desencadeado a Revolução de 1830 *(p. 47)*, quando uma multidão saiu às ruas, instigada pela ópera de Auber *La Muette de Portici*. Foi reconstruído em 1819 em elegante estilo neoclássico, e o interior foi refeito após um incêndio em 1855. O La Monnaie tem hoje respeitadas companhias de ópera e balé. *Place de la Monnaie • Mapa C2 • 070 23 39 39 • www.lamonnaie.be*

2 Palais des Beaux-Arts, Bruxelas (BOZAR)

O Palais des Beaux-Arts, de Victor Horta, foi completado em 1928. Conhecido como BOZAR, é um local que promove vários tipos de arte, como música, teatro, dança e muito mais. *Rue Ravenstein 23 • Mapa D4 • 02 507 82 00 • www.bozar.be*

3 Le Botanique, Bruxelas

As belas estufas do jardim botânico de Bruxelas foram construídas em 1826-29. A engenhosa conversão do interior resultou num espaço importante para atividades culturais diversas, como teatro, dança e concertos de todos os tipos. *Rue Royale 236, 1210 BRU (Saint-Josse-ten-Noode) • Mapa D1 • 02 218 37 32 • www.botanique.be*

4 Conservatoire Royal de Bruxelles, Bruxelas

O conservatório de Bruxelas é uma instituição altamente respeitada. Completados em 1875, seus prédios foram projetados pelo arquiteto das Galeries Royales de Saint-Hubert *(p. 10)* e incluem um espaço para música erudita. *Rue de la Régence 30 • Mapa C5 • 02 511 04 27*

5 Les Halles de Schaerbeek, Bruxelas

O magnífico prédio do antigo mercado coberto, construído com ferro e vidro no final do século XIX, foi transformado em local inspirador para eventos culturais variados, incluindo apresentações de teatro, dança e música. *Rue Royale Sainte-Marie 22a, 1030 BRU (Schaerbeek) • Mapa G2 • 02 218 21 07 • www.halles.be*

Théâtre Royal de Toone

6 Théâtre Royal de Toone, Bruxelas

O teatro de marionetes Toone ocupa um prédio pequeno numa viela medieval e é uma instituição de Bruxelas. Não é para crianças: as peças, representadas por marionetes de madeira e papel machê, podem ser clássicos sérios do teatro, e a língua frequentemente é o *bruxellois*, o rico dialeto da cidade. *Petite Rue des Bouchers 21 (Impasse Schuddeveld 6) • Mapa C3 • 02 513 54 86 • www.toone.be*

7 Concertgebouw, Bruges
Em 2002, Bruxelas empreendeu a construção de uma nova sala de concertos. O resultado foi um prédio inovador, que rapidamente ganhou importância como espaço destacado da música erudita na cidade, além do balé e do jazz. *'t Zand 34 • Mapa J5 • 070 22 33 02 • www.concertgebouw.be*

8 De Vlaamse Opera, Gent
Espaço que abriga a respeitada Vlaamse Opera em Gent, este teatro clássico de ópera é dos mais espetaculares da Europa. *Schouwburgstraat 3 • Mapa Q3 • 09 268 10 11 • www.vlaamseopera.be*

De Vlaamse Opera, Antuérpia

9 De Vlaamse Opera, Antuérpia
O teatro de ópera de Antuérpia foi completado em 1907, e seu interior, decorado com requinte de mármore e detalhes dourados. A Vlaamse Opera se apresenta aqui e em Gent. *Frankrijklei 3 • Mapa U2 • 03 202 10 11 • www.vlaamseopera.be*

10 deSingel, Antuérpia
Dinâmico centro cultural múltiplo que abriga exposições e espetáculos de teatro, dança, arquitetura e música. *Desguinlei 25 • 03 248 28 28 • www.desingel.be*

Escritores, Poetas e Músicos Belgas

1 Roland de Lassus
Também conhecido como Orlando di Lasso (*c.* 1532-94). Um dos maiores compositores de sua época.

2 César Franck
Grande organista e compositor (1822-90) da tradição romântica.

3 Émile Verhaeren
Poeta simbolista (1855-1916) famoso pelas descrições de Flandres.

4 Maurice Maeterlinck
Poeta e dramaturgo simbolista premiado com o Nobel (1862-1949).

5 Michel de Ghelderode
O mais famoso dramaturgo belga do século XX (1898-1962) e um dos mais originais escritores da língua francesa.

6 Georges Simenon
Prolífico mestre do romance policial popular (1903-89) e criador do Inspetor Maigret *(p. 48)*.

7 Django Reinhardt
O mais celebrado de todos os guitarristas de jazz, Reinhardt (1910-53) foi membro-chave do renomado Quinteto do Hot Club da França.

8 Arthur Grumiaux
Destacado violonista de sua era (1921-86).

9 Hugo Claus
O mais reverenciado escritor belga (1929-2008). Poeta, dramaturgo e romancista natural de Bruges, escreve em holandês.

10 Amélie Nothomb
Uma das mais notáveis romancistas belgas modernas (n. 1967), conhecida por explorar os lados mais sombrios da natureza humana.

Butte de Lion, Waterloo; Forêt de Soignes

TOP 10 Passeios

1 Waterloo

Napoleão sofreu sua derrota final entre os campos e as casas rurais perto de Waterloo, 15km ao sul de Bruxelas. O campo de batalha é atração turística quase desde a própria batalha. O moderno Centro de Visitantes, ao lado do Butte de Lion, é um bom lugar para começar. *Route du Lion 315, 1410 Waterloo • www.waterloo1815.be • Aberto diariam 9h30-18h30 (out-mar: 10h30-17h) • Entrada paga*

2 Walibi Belgium

O mais conhecido parque temático da Bélgica – um bom passeio para as crianças *(p. 52)*.

3 Forêt de Soignes

As antigas e magníficas florestas de faias de Soignes são uma paisagem maravilhosa para caminhadas ou ciclismo, especialmente no outono, quando as faias ficam douradas. Há dois hortos florestais, em Groenendaal e Tervuren, e um centro de informações no local da Abbaye de Rouge-Cloître, do século XIV. *Drève du Rouge-Cloître 4 • 02 660 55 97*

Namur

4 Namur

Situada na confluência dos rios Meuse e Sambre, Namur é famosa pela grande Citadelle (aberta jun-set), que se ergue incrivelmente no alto de um morro íngreme. *Centro de Informação Turística: Square Léopold • 081 24 64 49 • www.namurtourisme.be*

5 Leuven

A velha cidade universitária de Leuven possui um encanto profundo que se deve a sua escala humana compacta e seus muitos edifícios históricos, dos quais o maior é a Stadhuis, a mais bela sede de prefeitura gótica de todas. *Centro de Informação Turística: Naamsestraat 9 • 016 20 30 20 • www.leuven.be*

6 Mechelen

Mechelen foi uma orgulhosa cidade mercantil na era borgonhesa e centro de poder sob Margarida da Áustria (1507-30). A cidade é dominada pelo enorme campanário da bela Sint-Romboutskathedraal – catedral gótica que originalmente deveria ter o dobro da altura. *Centro de Informação Turística: Hallestraat 2-4 • 070 222 800 • www.mechelen.be*

7 Ostend

Ostend é famosa como balneário turístico e por seus frutos do mar. Também tem boas coleções de arte no Provinciaal Museum voor Moderne Kunst e no Museum voor Schone Kunsten. *Centro de Informação Turística: Monacoplein 2 • 059 70 11 99 • www.toerisme-oostende.be*

Chega-se facilmente de Bruxelas a Waterloo, Six Flags Bélgica, a Fôret de Soignes, Namur, Leuven, Mechelen e Lier

8 Lier

Esta bela cidadezinha a sudeste de Antuérpia tem bela coleção de edifícios históricos reunidos em torno da Grote Markt, mas a atração mais famosa é a Zimmertoren, torre de vigia do século XIV com o fascinante Relógio do Centenário na fachada. *Centro de Informação Turística: Grote Markt 57 • 038 00 05 55 • www.lier.be*

9 Damme

Um bonito agrupamento de prédios do final da Idade Média é tudo o que resta desta cidade antes próspera, no começo do canal que vai a Bruges. Passeio agradável para fazer de ônibus ou bicicleta. *Centro de Informação Turística: Huyse de Grote Sterre, Jacob van Maerlantstraat • 050 28 86 10 • www.damme-online.com*

10 Ieper (Ypres)

Ieper foi uma das grandes cidades mercantis medievais de Flandres. O passado histórico foi quase destruído na Primeira Guerra. Hoje é um centro de visitas às trincheiras e aos muitos cemitérios, além de sediar o Portão Menin, arco memorial que assinala a estrada pela qual marcharam tantos soldados que nunca retornaram. Mas a maior atração é In Flanders Fields, museu primoroso que mostra o pano de fundo e a trajetória da guerra, suas experiências, texturas e horrores – fato altamente informativo e profundamente comovente. *In Flanders Fields: Lakenhallen, Grote Markt 34 • 057 23 92 20 • www.ieper.be; www.inflandersfields.be • Aberto abr-meados nov: 10h-18h diariam; meados nov-mar: 10h-17h ter-dom. Fecha 3 semanas em jan • Entrada paga*

In Flanders Fields, Ypres

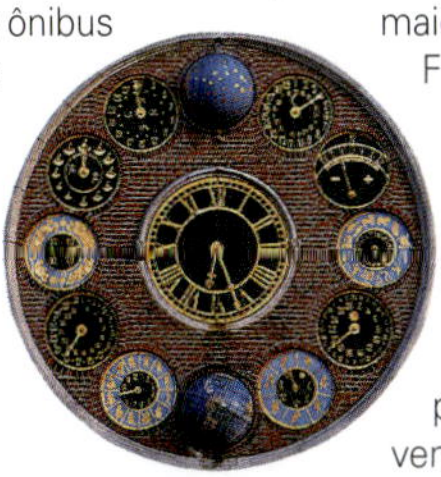

Relógio do Centenário, Lier

Ostend e Damme ficam a pouca distância de Bruges. Para conhecer Ieper (Ypres), é mais conveniente partir de Bruges ou Gent.

EM BRUXELAS, BRUGES, GENT E ANTUÉRPIA

TOP 10 BRUXELAS, BRUGES, GENT E ANTUÉRPIA

Place du Petit Sablon; Grand Place

Centro de Bruxelas

A REGIÃO CENTRAL DE BRUXELAS SE SITUA DENTRO *de uma forma claramente definida, chamada Pentágono. Hoje o traçado externo dessa área é formado por um movimentado rodoanel chamado Petite Ceinture. Ele segue o traçado das antigas muralhas da cidade, uma enorme construção do século XIV, de 9km de comprimento. Pouca coisa restou das muralhas, mas um dos antigos portões da cidade, a Porte de Hal, ainda existe e dá uma boa ideia do quanto eram maciças as fortificações. A maior parte da Bruxelas histórica fica nesses limites, inclusive os distritos comerciais e populares da Cidade Baixa e os bairros aristocráticos da Cidade Alta, onde está o Palácio Real. O resultado é que Bruxelas ainda é uma cidade muito compacta. É possível atravessar o Pentágono a pé em cerca de meia hora. Além dos monumentos e tesouros culturais, você encontra muitos e excelentes lugares para comer e se hospedar, boas lojas e dinâmicos cafés e bares.*

Tintim e Milu

TOP 10 Destaques

1. Grand Place
2. Musées Royaux des Beaux-Arts
3. Musée des Instruments de Musique
4. Centre Belge de la Bande Dessinée
5. Manneken-Pis
6. Cathédrale des Saints Michel et Gudule
7. Musée Charlier
8. Église Saint-Jacques-sur-Coudenberg
9. Sablon
10. Église Saint-Jean-Baptiste au Béguinage

Nas páginas anteriores, **fonte de Brabo, Grote Markt, Antuérpia**

1 Grand Place

Nenhuma viagem a Bruxelas seria completa sem uma visita à Grand Place – mesmo que só para comprar alguns biscoitos ou chocolates belgas. Notável legado do passado gótico e renascentista da cidade, a praça também é um monumento aos valores e à criatividade dos artesãos e mercadores que foram os arquitetos da prosperidade de Bruxelas *(pp. 8-9)*.

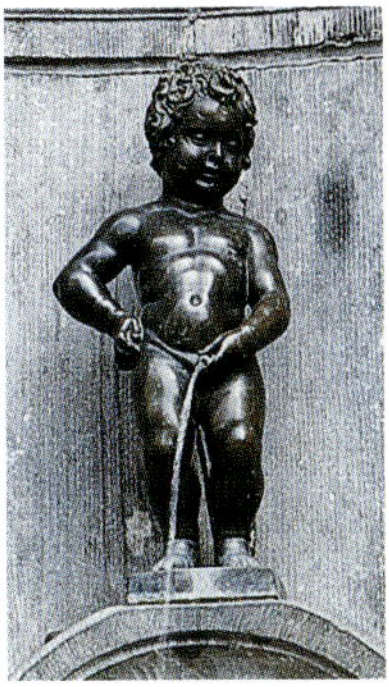

Manneken-Pis

2 Musées Royaux des Beaux-Arts

Esta é uma coleção primorosa e "obrigatória" de se conhecer, notável porque foca quase exclusivamente a arte flamenga e belga. Os destaques incluem obras raras de Pieter Brueghel, o Velho, a impressionante coleção de Rubens e um conjunto ímpar de obras dos simbolistas belgas, além de pinturas clássicas dos surrealistas Magritte e Delvaux *(pp. 12-5)*.

3 Musée des Instruments de Musique

A famosa coleção "MIM" de instrumentos históricos e contemporâneos está exposta na notável loja de departamentos art nouveau conhecida como "Old England". Leve as crianças também: fones de ouvido infravermelhos fáceis de usar trazem vida à exposição, mostrando ao visitante como os instrumentos soam quando são tocados *(pp. 16-7)*.

4 Centre Belge de la Bande Dessinée

Refletindo a imensa popularidade das histórias em quadrinhos na Bélgica – e na maior parte da Europa –, este singular Centro Belga da História em Quadrinhosé um altar a essa forma de arte. Os materiais de arquivos e outros expostos focam sobretudo os belgas que contribuíram para o gênero – em especial Hergé, o criador de Tintim *(pp. 20-1)*.

5 Manneken-Pis

Em Bruxelas é impossível deixar de ver este rapazinho irreverente, que faz xixi sem preocupação. Entre outras coisas, ele está em cartões-postais, camisetas, chaveiros e abridores de garrafas. Então por que não conhecer o original – uma pequena estátua de bronze – e curtir o absurdo feliz de tudo isso? No mínimo valerá uma foto *(p. 10)*.

***Le Ruisseau*, de Léon Frédéric, Musées Royaux des Beaux-Arts**

Veja mais sobre as informações turísticas de Bruxelas na **p. 112**

6 Cathédrale des Saints Michel et Gudule

A maior e mais bela igreja de Bruxelas, erguida ao longo de três séculos a partir de 1225, foi reformada. Agora as pedras cor de mel de suas torres gêmeas do século XV brilham no pedestal elevado da catedral, especialmente sob a luz noturna. É um belo exemplo do leve e floreado estilo gótico brabantino. O alto espaço do interior é impressionante. A catedral tem lindos vitrais do século XVI e um maravilhoso púlpito barroco (1699). Dedicada a São Miguel, padroeiro da cidade, seu nome também homenageia Santa Gúdula, uma

Cathédrale des Saints Michel et Gudule

santa local do século VIII que teria enganado o Diabo. ✆ *Parvis Sainte-Gudule • Mapa D3 • 02 217 83 45 • Aberta 7h-18h, seg-sex; 8h30-15h30 sáb, 14h-18h dom • Entrada paga apenas no Museu de Tesouros da Igreja e na Cripta*

7 Musée Charlier

Bruxelas é uma cidade de grandiosas mansões do século XIX, ou *maisons de maître*. Este museu proporciona uma rara oportunidade de ver o interior de uma delas. O proprietário original, Henri van Curtsem, encarregou Victor Horta *(p. 49)* de redesenhar o interior. Nas mãos do herdeiro adotivo de Van Curtsem, o escultor Guillaume Charlier, a mansão concentrou a vanguarda de Bruxelas. Quando morreu, em 1925, Charlier legou a casa à cidade, e ela conserva boa parte da decoração de sua época. Há obras de artistas importantes da época, como James Ensor, Léon Frédéric, Fernand Khnopff e Rik Wouters, e uma impressionante coleção de mobiliário antigo. ✆ *Avenue des Arts 16 • Mapa E3 • 02 220 26 91 • Aberto 12h-17h seg-qui, 10h-13h sex • Entrada paga*

8 Église Saint-Jacques-sur-Coudenberg

Esta charmosa igreja do século XVIII, com fachada em estilo romano e campanário com lanterna, fica no alto do Coudenberg, o encrave aristocrático da Cidade Alta. É ligada ao Palácio Real, tendo assentos reservados à família real em seu coro. Na época anticlerical da ocupação francesa, nos anos 1890, foi convertida primeiro em "Templo da Razão" e depois em "Templo do Direito", antes de ser novamente consagrada em 1802. ✆ *Place Royale • Mapa D4 • Aberta 10h-18h diariam • Grátis*

O Pentágono

As primeiras muralhas em torno de Bruxelas foram erguidas por volta do ano 1100, mas a cidade cresceu e elas foram ultrapassadas em 1379, criando o formato de pentágono que se evidencia hoje. As muralhas foram derrubadas em meados do século XIX para dar lugar a bulevares arborizados. Dos portões da cidade, restou apenas a Porte de Hal.

Veja mais sobre outras igrejas de Bruxelas nas **pp. 42-3**

Église Saint-Jacques-sur-Coudenberg

9 Sablon

O nome Sablon se refere ao pantanal arenoso que ocupou este lugar até ser aterrado, no século XVII. A Place du Grand Sablon é um centro de antiguidades e ainda tem dois dos maiores fabricantes de chocolates de Bruxelas: Wittamer e Pierre Marcolini. A Place du Petit Sablon é dominada por seu parque, enfeitado com 48 estátuas das guildas medievais de Bruxelas. Entre as duas praças se ergue a Église Notre-Dame du Sablon. *Rue de la Regence 3B • Mapa C4 • Aberta 8h-18h diariam • Grátis*

10 Église St-Jean-Baptiste au Béguinage

Béguinages eram instituições caridosas para mulheres solteiras *(p. 86)*. Esta foi construída no século XVII. Sua fachada é repleta de detalhes barrocos, e o ambiente no interior é de tranquilidade. Observe as lápides das *béguines* no chão. *Place du Béguinage • Mapa B1 • 02 217 87 42 • Aberta 10h-17h ter-sáb, 10h-20h dom • Grátis*

Um Dia no Centro

Manhã

Comece com o essencial: uma volta a pé pela **Grand Place** *(pp. 8-9)* e uma visita ao **Manneken-Pis** *(p. 10)*, parando no caminho para comer um waffle na loja Dandoy, na Rue Charles Buls. Agora volte até a Bourse *(p. 10)* e siga em direção oeste pela Rue Dansaert, a rua da moda mais moderna. Dobre à direita na Rue du Vieux Marché aux Grains e caminhe até a **Église Sainte-Catherine**, igreja projetada em 1854 por Joseph Poelaert, também responsável pelo colossal Palais de Justice. Ela fica em uma área aterrada no começo de um canal hoje recoberto pela Place Sainte-Catherine. Este era o local do antigo mercado de peixes e ainda é famoso por seus restaurantes de peixes. Pode ser um bom lugar para fazer uma parada para o almoço.

Tarde

Volte na direção leste, parando na **Cathédrale des Saints Michel et Gudule** antes de subir o morro para a Rue Royale. Passeie pelo agradável **Parc de Bruxelles**, então caminhe para o sul até o **Palais Royal** *(p. 70)* e a bela Place Royale, do século XVII, com sua estátua do cruzado Godefroi de Bouillon, do século XI. Você está agora muito perto dos **Musées Royaux des Beaux-Arts** e do **Musée des Instruments de Musique** *(p. 67)* e pode escolher qual visitar. Depois disso você provavelmente precisará fazer uma parada, então siga pela Rue de la Régence até os cafés e chocolatarias do distrito de **Sablon**.

Palais Royal; Église Notre-Dame de la Chapelle

TOP 10 Outras Atrações

1 Galeries Royales de Saint-Hubert

Quando foram abertas, em 1847, estas elegantes galerias comerciais eram as mais grandiosas da Europa *(p. 10)*.

2 Musée du Costume et de la Dentelle

Belos exemplares de figurinos e renda, um setor que empregava 10 mil mulheres na Bruxelas em meados do século XIX *(p. 10)*.

3 Place des Martyrs

Os 445 mártires mortos na Revolução Belga de 1830 estão sepultados nesta praça. *Mapa C2*

4 Église Notre-Dame de la Chapelle

Esta igreja ampla e de atmosfera excepcional parece saída de uma tela de Brueghel – apropriadamente, pois Pieter Brueghel, o Velho, está enterrado aqui. *Place de la Chapelle • Mapa B4 • 02 513 53 48 • Aberta 9h-19h diariam • Grátis*

5 Palais Royal e Musée Belvue

Veja como vivia a nobreza, nos grandiosos ambientes do Palácio Real. Um antigo hotel próximo ao palácio abriga hoje um museu dedicado à história da Bélgica desde 1830. *Place des Palais. Mapa D4 • Palais Royal: 02 551 20 20. • Aberto jul-set 10h30-16h30 ter-dom. • Grátis • Musée Belvue: 070 22 04 92. • Aberto 10h-17h ter-sex, 10h-18h sáb e dom • Entrada paga*

6 Palais de Charles de Lorraine

Conjunto de salas do século XVIII com pequena mas seleta exposição de móveis, porcelanas, relógios e outros artefatos. *Place du Musée 1 • Mapa C4 • 02 519 53 11 • Aberto 13h-17h qua e sáb • Entrada paga*

7 Musée du Cinéma

Exposta no saguão de um cinema, uma fascinante coleção sobre os primórdios da história das imagens em movimento. *Rue Baron Horta 9 • Mapa D4 • 02 551 19 00 • Aberto diariam • Entrada paga*

8 Porte de Hal

Único portão remanescente das muralhas da cidade, do século XIV. *Boulevard du Midi • Mapa B6 • 025 34 15 18 • Aberto 9h30-17h ter-sex, 10h-17h sáb e dom • Entrada paga.*

9 Palais de Justice

Há algo gloriosamente megalomaníaco neste edifício neoclássico. *Place Poelaert • Mapa B5 • 02 508 65 78 • Aberto 8h-17h seg-sex • Grátis*

10 Musée du Jouet

Este museu de brinquedos agrada a adultos e crianças. *Rue de l'Association 24 • Mapa E2 • 02 219 61 68 • Aberto 10h-12h e 14h-18h diariam • Entrada paga*

Galerie Bortier; Galeries Royales de Saint-Hubert

TOP 10 Compras

1 Galeries Royales de Saint-Hubert
Galerias comerciais espetacularmente elegantes e espaçosas, construídas em 1847 *(p. 10)*.

2 Rue Neuve
Rua comercial de pedestres próxima ao centro da cidade, com muitas das principais redes de lojas de moda europeias e uma grande loja de departamentos, Inno, na extremidade norte. *Mapa C1*

3 Rue Antoine Dansaert
Ignore a redondeza decadente: este é o lugar da vanguarda da moda. Todos os estilistas de Antuérpia estão representados em lojas daqui, e há várias lojas de grifes de moda notáveis de Bruxelas. *Mapa B2*

4 Galerie Bortier
"Irmã" pequena e menos elegante das Galeries Royales de Saint-Hubert. Aqui você encontra livros usados, gravuras, cartões-postais e pôsteres. *Mapa C3*

5 Place du Grand Sablon
Há lojas de antiguidades com entrada pela praça, mas experimente andar também por algumas das travessas laterais. Duas das melhores chocolatarias, Wittamer e Marcolini, ficam aqui *(p. 55)*. *Mapa C4*

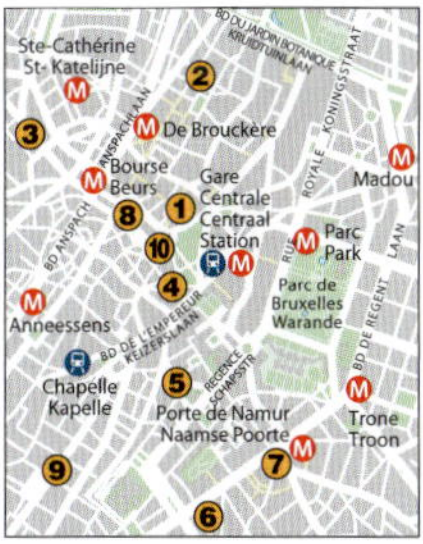

6 Avenue e Galerie Louise
Nomes de primeira linha da alta-costura internacional estão presentes perto da Place Louise, e há mais butiques em uma galeria coberta que liga a Avenue de la Toison d'Or à Avenue Louise. *Mapa C5*

7 Galerie de la Toison d'Or
Outra galeria coberta, repleta de butiques de alto padrão, próxima à Porte de Namur. *Mapa D5*

8 Mercado de Natal
Do início de dezembro ao início da janeiro, esta feira vende tudo o que é natalino – artesanato, decoração, presentes – nas ruas à esquerda da Grand Place e em volta da Bourse. *Mapa B3*

9 Rue Blaes e Place du Jeu de Balle
A Place du Jeu de Balle tem um mercado das pulgas diário (6h-14h). Nos últimos anos, lojas que vendem antiguidades, bricabraque e objetos diversos se espalharam pela Rue Blaes, em sentido norte. *Mapa B5*

10 Galerie Agora
Semelhante a um labirinto, esta galeria coberta vende camisetas, bonés de beisebol, artigos de couro, bijuterias e incenso, tudo a preços surpreendentemente módicos. *Mapa C3*

Visite a Place du Grand Sablon para ver a feira de antiguidades nos finais de semana

La Chaloupe d'Or; Café du Vaudeville

TOP 10 Bares e Cafés

1 Le Roy d'Espagne
Famoso bar situado na velha sede da Guilda dos Padeiros. Seu interior tem ar medieval. Também serve refeições leves. *Grand Place 1 • Mapa C3*

2 La Chaloupe d'Or
Elegante café-restaurante na antiga sede da Guilda dos Alfaiates. Bom para um almoço leve, a cerveja da tarde ou um doce. *Grand Place 24-25 • Mapa C3*

3 Café du Vaudeville
Poucos cafés, como este, tiveram Marx, Rodin e Victor Hugo entre a clientela, mas o Vaudeville tem longa história. Sente-se fora, na galeria mais esplêndida da cidade, ou no piso superior, em um salão decorado com cópias do Manifesto Comunista. *Galerie de la Reine 11 • MapaC3*

4 A La Mort Subite
"Morte Súbita" pode soar assustador, mas o nome deste famoso bar, recriado em estilo rococó em 1926, alude a um jogo de dados. Também é o nome de uma cerveja *gueuze (pp. 58-9)*. *Rue Montagne aux Herbes Potagères 7 • Mapa C2*

5 Delirium Tremens
Com elefantes cor-de-rosa pendurados do teto, wi-fi gratuito e mais de 2 mil cervejas diferentes, este bar causou impacto na cena belga de bebidas. *Impasse de la Fidélité 4A • Mapa C2*

6 Chez Toone
Escondido das multidões de turistas, o teatro de marionetes Toone *(p. 60)* tem um bar de ambiente acolhedor que serve cervejas decentes e refeições leves. *Petite Rue des Bouchers 21 (Impasse Schuddeveld 6) • Mapa C3*

7 Greenwich Tavern
Um dos bares mais concorridos de Bruxelas, especialmente entre os fãs do xadrez. Era frequentado por Magritte. *Rue des Chartreux 7 • Mapa B2*

8 Wittamer
Nesta chocolataria de classe, você pode se sentar para saborear produtos irresistíveis acompanhados de chá ou café. *Place du Grand Sablon 12–13 • Mapa C4*

9 MIM
O espetacular café da cobertura do Musée des Instruments de Musique *(pp. 16-7)*. *Rue Montagne de la Cour 2 • Mapa D4*

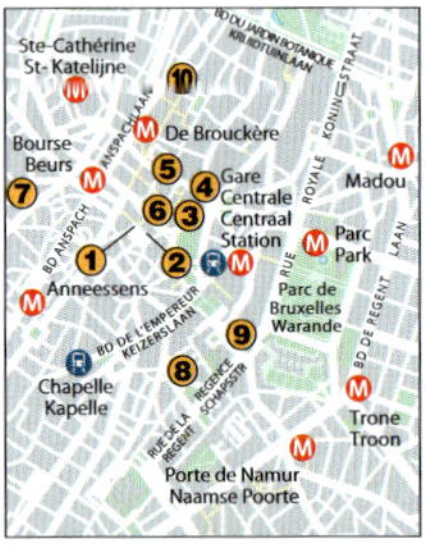

10 Le Corbeau
Neste lugar da turma de menos de 30 anos, a especialidade é o *Chevalier* – um litro de cerveja para tomar de uma só vez. *Rue Saint-Michel 18-20 • Mapa C1*

The Music Village; L'Archiduc

TOP 10 Vida Noturna

1 L'Archiduc

O interior art déco anos 1930 deste sofisticado bar evoca um navio de cruzeiro. Números de jazz num piano de cauda. *Rue Antoine Dansaert 6-8 • Mapa B2*

2 Le Fuse

Atrás de uma suja fachada industrial, a melhor discoteca da cidade. DJs de primeira tocam um misto de techno e drum'n'bass. *Rue Blaes 208 • Mapa B5 • 02 511 97 89*

3 Studio 44

Ostentosa novidade para a noite de Bruxelas, o Studio 44, na Cidade Alta, toca desde funk internacional e groove até r&b e rap francês de primeira. *Avenue de la Toison d'Or 44 • Mapa C6 • www.studio44.bre*

4 Le Bazaar

Discoteca chique com world music, dois bares e um restaurante que serve comidas com tempero internacional. *Rue des Capucins 63 • Mapa B5 • 02 511 26 00*

5 The Music Village

Cheio de estilo, com mesas para comer e beber em volta de um palco a partir das 19h. Sexta e sábado são noites de jazz, quarta-feira, de rock e blues, e quinta, de afro-latino. *Rue des Pierres 50 • Mapa B3 • 02 513 13 45*

6 Recyclart

"Laboratório artístico" múltiplo, na velha estação ferroviária de Chapelle-Kapellekerk, recebe vários artistas e nos fins de semana promove eventos de clube. *Rue des Ursulines 25 • Mapa B4 • 02 502 57 34*

7 Mappa Mundo

Bar cosmopolita e interessante na animada área de Saint-Géry, fica agitado até a madrugada. *Rue du Pont de la Carpe 2-6 • Mapa B3 • 02 513 51 16*

8 Le You

Esta famosa casa noturna fica em um local agitado e central. Sua música varia de r&b a electro e house dos anos 1980.Aos domingos, o público predominante é gay. *Rue Duquesnoy 18 • Mapa C3 • 02 639 14 00*

9 Café Central

Localizado na elegante St. Géry, o Café Central oferece música de qualidade, ao vivo ou comandada por um DJ. *Rue de Borgval 14 • Mapa B3 • 02 513 73 08*

10 Havana

O ambiente pode ser latino, mas a música neste agitado dance club é de todas as variedades. Aberto até tarde, a noite inteira nos fins de semana. Três bares-restaurante. *Rue de l'Épée 4 • Mapa B5 • 02 502 12 24*

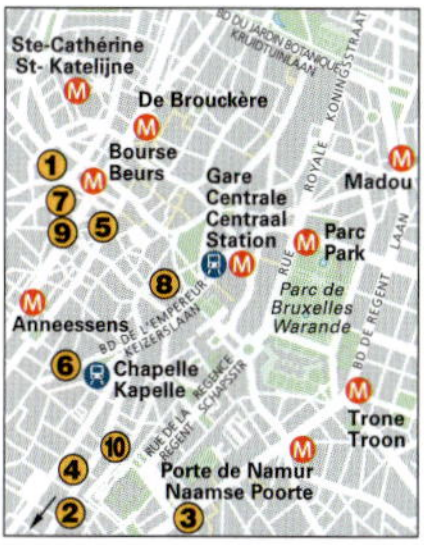

La Belga Queen; Kasbah

TOP 10 Restaurantes

1 Comme Chez Soi

O restaurante mais famoso de Bruxelas tem duas estrelas Michelin. Para conhecer sua excepcional culinária francesa, reserve com semanas de antecedência. *Place Rouppe 23 • Mapa B4 • 02 512 29 21 • Fechado qua almoço, dom, seg • €€€€€*

2 L'Ecailler du Palais Royal

Prestigioso restaurante de peixes sob o comando de uma equipe jovem que dá um toque excelente a pratos clássicos. *Rue Bodenbroeck 18 • Mapa C4 • 02 512 87 51 • Fechado dom • €€€€€*

3 La Belga Queen

Restaurante estiloso e divertido na antiga e requintada sede de um banco. Menu franco-belga a preço razoável, em especial no almoço. *Rue du Fossé-aux-Loups 32 • Mapa C2 • 02 217 21 87 • €€€€*

4 Chez Marius en Provence

Situado numa bela casa do século XVIII, tem o peixe com toque mediterrâneo como especialidade. *Place du Petit Sablon 1 • Mapa C5 • 02 511 12 08 • Fechado dom • €€€€*

5 Sea Grill, SAS Radisson

Restaurante de peixes com duas estrelas Michelin. Comida requintada em ambiente de inspiração escandinava. *Rue du Fossé-aux-Loups 47 • Mapa C2 • 02 218 08 00 • Fechado sáb, dom • €€€€€*

6 La Belle Maraîchère

Desfrute aqui uma ótima culinária à base de peixes em restaurante familiar e tradicional, favorito dos moradores da cidade há três décadas. *Place Sainte-Catherine 11a • Mapa B2 • 02 512 97 59 • Fechado qua, qui • €€€€€*

7 La Marée

Restaurante famoso pela excelente culinária à base de peixes. Ênfase na comida e na boa relação custo-benefício. *Rue de Flandre 99 • Mapa B1 • 02 511 00 40 • Fechado seg, ter • €€€*

8 Kasbah

Saboreie suculentos pratos marroquinos num ambiente mágico, sob dezenas de lanternas coloridas. *Rue Antoine Dansaert 20 • Mapa B2 • 02 502 40 26 • Fechado sáb almoço • €€€*

9 Aux Armes de Bruxelles

Fundado em 1921, Aux Armes de Bruxelles se destaca pela elegância, pelas toalhas brancas e a culinária belga impecável. *Rue des Bouchers 13 • Mapa C3 • 02 511 55 50 • €€€*

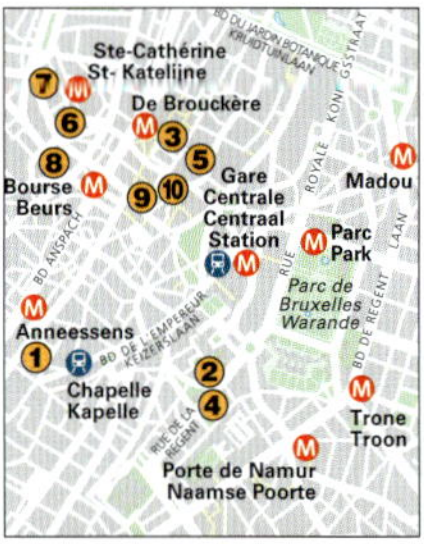

10 Restaurant Vincent

Saboreie pratos belgas substanciosos em uma sala decorada com murais marinhos. Muita carne. *Rue des Dominicains 8-10 • Mapa C2 • 02 511 26 07 • €€€*

Nota: *A maioria dos moradores de Bruxelas evita os restaurantes turísticos da Rue des Bouchers*

Taverne du Passage

Categorias de Preço

Refeição para uma pessoa com três pratos e meia garrafa de vinho (ou refeição equivalente), impostos e serviço.

€	até €30
€€	€30-€40
€€€	€40-€50
€€€€	€50-€60
€€€€€	acima de €60

TOP 10 Lugares para Almoçar

1 Brasserie de la Roue d'Or
Popular brasserie art nouveau, com murais ao estilo de Magritte, oferece culinária belga e francesa a preços módicos. ✆ *Rue des Chapeliers 26 • Mapa C3 • 02 514 25 54 • €€*

2 In 't Spinnekopke
Agradável *estaminet* (pub tradicional) que mantém o legado do século XVIII com um menu de finos pratos belgas e de Bruxelas. ✆ *Place du Jardin-aux-Fleurs 1 • Mapa A3 • 02 511 86 95 • Fechado sab almoço, dom • €€*

3 L'Entrée des Artistes
Esta brasserie popular e confiável tem menu bem dosado com bons pratos tradicionais belgas, como o chicons au gratin. ✆ *Place du Grand Sablon 42 • Mapa C4 • 02 502 31 61 • €€*

4 Museum Brasserie
Brasserie estilosa em uma esquina dos Musées Royaux. Experimente o carpaccio de carne bovina ou atum. Boa carta de vinhos. ✆ *Place Royal 3 • Mapa C4 • 02 508 35 80 • Fechada dom jantar, seg • €€€€*

5 Brasserie Horta
Situada no Centro Belga das Histórias em Quadrinhos, a Horta serve um cardápio diário de pratos belgas. ✆ *Rue des Sables 20 • Mapa D2 • 0495 800 805 • Aberta 10h-18h ter-dom • €€*

6 Le Pain Quotidien
Le Pain Quotidien (O Pão de Cada Dia) faz grande sucesso com pães excelentes de recheios deliciosos, além de tentadoras massas folhadas. Esta é a mais central de diversas filiais na cidade. ✆ *Rue Antoine Dansaert 16 • Mapa B2 • €*

7 Chez Patrick
Popular e movimentado, este restaurante se recusa a desviar-se da tradicional comida belga, substanciosa e de preços honestos. ✆ *Rue des Chapeliers 6 • Mapa C3 • 02 511 98 15 • Fechado dom, seg • €€€*

8 Taverne du Passage
Restaurante belga tradicional dos anos 1930, com garçons habilidosos e clientela local entusiástica. Os pratos de peixe são excelentes. ✆ *Galerie de la Reine 30 • Mapa C3 • 02 512 37 31 • €€€*

9 't Kelderke
Num porão do século XVII, este restaurante oferece banquetes de culinária belga. A comida atrai tanto moradores como turistas. ✆ *Grand Place 15 • Mapa C3 • 02 513 73 44 • €€*

10 Chez Léon
Fundada em 1893, esta casa especializada em moules-frites atualmente é uma marca internacional. ✆ *Rue des Bouchers 18 • Mapa C3 • 02 511 14 15 • €€*

Autoworld; Musée Royal de l'Armée et d'Histoire Militaire

Arredores de Bruxelas

AO LONGO DOS SÉCULOS, BRUXELAS CRESCEU *para fora de suas muralhas, absorvendo cidades e vilarejos vizinhos. Essas comunidades – como Ixelles, Saint-Gilles e Anderlecht – ainda conservam suas características distintas. Por essa razão, há uma diversidade enorme nos arredores de Bruxelas. Um excelente sistema de transporte público garante a facilidade de deslocamento por esses subúrbios, e os destaques aqui apresentados valem a viagem.*

TOP 10 Destaques

1. Parc du Cinquantenaire
2. Musée Horta
3. Musée David et Alice van Buuren
4. Pavillon Chinois e Tour Japonaise
5. O Atomium
6. Musée du Tram Bruxellois
7. Koninklijk Museum voor Midden-Africa (KMMA)
8. Musée Communal d'Ixelles
9. Musée Constantin Meunier
10. Musée Antoine Wiertz

Tour Japonaise

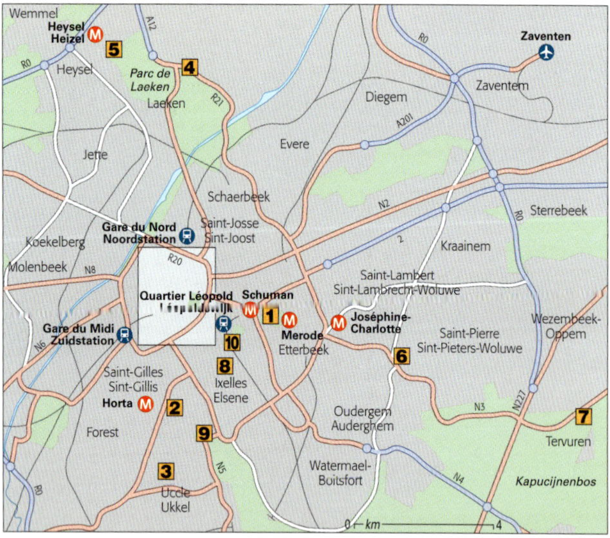

Musée Horta

1 Parc du Cinquantenaire

Em 1880, o rei Leopoldo II promoveu uma grande feira internacional para comemorar o cinquentenário da fundação de seu país. As enormes salas de exposições que ele ergueu, junto com suas sucessoras, hoje abrigam um conjunto de museus importantes. De longe, os mais espetaculares são os Musées Royaux d'Art et d'Histoire, uma rica coleção de tesouros de todo o mundo, que inclui descobertas arqueológicas, artefatos antropológicos e artes decorativas. Perto ficam o Musée Royal de l'Armée et d'Histoire Militaire (grande museu militar) e o Autoworld (importante coleção de automóveis históricos). No parque também ficam o extraordinário Atelier de Moulage *(p. 41)* e o Pavillon Horta, obra neoclássica criada por Victor Horta quando jovem para abrigar uma escultura erótica de Jef Lambeaux (1852-1908). *Mapa H4 • Musées Royaux d'Art et d'Histoire: Parc du Cinquantenaire 10. 02 741 72 11. www.kmkg-mrah.be. Aberto 9h30-17h ter-sex, 10h-17h sáb e dom. Fechado seg e feriados. Entrada paga (grátis 13h-17h- 1ª qua do mês) • Musée Royal de l'Armée: Parc du Cinquantaire 3. 02 737 78 11. www.klm-mra.be. Aberto 9h-12h, 13h-16h45. Fechado seg e feriados. Grátis • Autoworld: Parc du Cinquantenaire 11. 02 736 41 65. www.autoworld.be. Aberto abr-set: 10h-18h diariam; out-mar: 10h-17h diariam. Entrada paga*

2 Musée Horta

Uma sinfonia de design art nouveau *(pp. 18-9)*.

3 Musée David et Alice van Buuren

Residência art déco lindamente conservada, com mobiliário e vitrais excelentes, além de pinturas contemporâneas. *Ave Léo Errera 41, 1180 BRU (Uccle) • Mapa G3 (inset) • 02 343 48 51 • www.museumvanbuuren.com • Museu e jardim abertos 14h-17h30 qua-seg • Entrada paga*

4 Pavillon Chinois e Tour Japonaise

Outro legado do rei Leopoldo, o Pavilhão Chinês e a Torre Japonesa têm trabalhos de porcelana, armaduras de samurais e vitrais art nouveau. *Ave Van Praet 44, 1020 BRU (Laeken) • Mapa G1 • 02 268 16 08 • www.kmkg-mrah.be • Abertos 9h30-17h seg-sex, 10h-17h sáb e dom • Entrada paga*

5 O Atomium

Este modelo gigante de cristal de ferro foi construído para representar a Bélgica na Exposição Universal de 1958 em Bruxelas. *Boulevard du Centenaire, 1020 BRU (Laeken) • Mapa F1 • 02 475 47 75 • www.atomium.be • Aberto 10h-18h diariam • Entrada paga*

O Atomium

Não deixe de ver os tesouros de igrejas medievais na Salle aux Trésors dos Musées Royaux d'Art et d'Histoire

Musée du Tram Bruxellois

6 Musée du Tram Bruxellois

Os bondes de Bruxelas são os últimos de um sistema de transportes que era parte integral da personalidade da cidade. Os visitantes não deixarão de apreciar esta coleção extensa de mais de 60 bondes, desde os *hippomobiles* dos anos 1860, puxados por cavalos, até as expressões elegantes da modernidade dos anos 1960, todos abrigados numa antiga garagem de bondes. Você ainda pode curtir um passeio de 20 minutos em um bonde histórico, de ida (e volta) a Tervuren (e ao Museu Real da África Central) ou ao Parc Cinquantenaire. *Ave de Tervuren 364B, 1150 BRU (Woluwe-Saint-Pierre) • Mapa G2 • 02 515 31 08 • www.trammuseumbrussels.be • Aberto 1º fim de semana abr-1º fim de semana out: 13h-19h sáb, dom e feriados • Entrada paga (valor adicional pelo passeio no bonde histórico)*

7 Koninklijk Museum voor Midden-Africa (KMMA)

O Museu Real da África Central representa um empreendimento grandioso: o enorme e elegante palácio neoclássico erguido no início dos anos 1900 para divulgar as maravilhas da maior colônia da Bélgica, a imensa região da África central conhecida como Congo. O objetivo original – educação e glorificação – foi duramente comprometido pela incômoda revisão da história colonial belga ocorrida nos últimos anos. Há várias exposições antropológicas, inclusive uma grande canoa feita de um único tronco de árvore, além de suvenires da história da exploração, como a boina de Henry Stanley. *Leuvensesteenweg 13, 3080 Tervuren • Mapa H2 • 02 769 52 11 • www.africamuseum.be • Aberto 10h-17h ter-sex, 10h-18h sab e dom • Entrada paga*

8 Musée Communal d'Ixelles

Vale a pena deslocar-se até esse subúrbio do sul para conhecer esta coleção municipal de arte, pequena mas incomumente seleta. Ela inclui diversas obras menores de grandes mestres, como Rembrandt, Delacroix e Picasso, além de uma excelente coleção de pôsteres de Toulouse-Lautrec. Também é um bom lugar para ver mais obras de simbolistas como Léon Spilliaert e Léon Frédéric, e a muito apreciada escultura e pintura fauvista de Rik Wouters. *Rue J Van Volsem 71, 1050 BRU (Ixelles) • Mapa E6 • 02 515 64 21 • www.museedixelles.be • Aberto 11h30-17h ter-dom. Fechado seg e feriados • Grátis (exceto quando há exposições)*

Rei Leopoldo II

O segundo rei da Bélgica reinou de 1865 a 1909, um tempo de grandes transformações na Europa. Leopoldo II foi entusiasta da modernização e empreendeu muitas obras grandiosas. Determinado a fazer da Bélgica uma potência colonial, criou e governou o Congo Belga. Entretanto, o regime foi brutal, e milhões de africanos morreram durante o seu reinado.

9 Musée Constantin Meunier

Constantin Meunier (1831-1905) foi um dos grandes escultores do final do século XIX, internacionalmente célebre por seus reconhecíveis bronzes de trabalhadores – especialmente *puddleurs* (ferreiros). O museu ocupa a casa em que ele viveu e abriga excelentes exemplares de sua obra. *Rue de l'Abbaye 59 1050 BRU (Ixelles) • Mapa G2 • 02 648 44 49 • www.fine-arts-museum.be • Aberto 10h-12h, 13h-17h ter-sex. Fechado seg, fins de semana e feriados • Grátis*

Musée Antoine Wiertz

10 Musée Antoine Wiertz

Este é um dos museus mais extraordinários de Bruxelas. Antoine Wiertz (1806-65) foi um artista cuja autoestima superava de longe o talento. Quando jovem, foi incentivado por patronos, e o sucesso lhe subiu à cabeça. Este ateliê foi construído para que ele pudesse pintar obras em escala para rivalizar com Michelangelo. As telas são interessantes por si só, mas também o são os trabalhos menores, muitos tão macabros e moralistas que causam riso. *Rue Vautier 62, 1050 BRU (Ixelles) • Mapa F5 • 02 648 17 18 • www.fine-arts-museum.be • Aberto 10h-12h, 13h-17h ter-dom. Fechado seg, feriados e sáb-dom em jul e agosto • Grátis*

Um Passeio pela Bruxelas de Leopoldo II

Manhã

Calce seus sapatos mais confortáveis de caminhada, pois você vai percorrer pelo menos 5km de calçadas e passar por meia dúzia de museus. Não precisa visitar todos, é claro, e não tente fazer isso numa segunda-feira, quando a maioria deles fica fechada. Comece pela Estação de Metrô Schuman, no coração do Bairro Europeu, perto do edifício Justus Lipsius. Se estiver animado, suba a Rue Archimède para admirar o prédio art nouveau mais esdrúxulo de todos – o **Hôtel Saint--Cyr**, na Place Ambiorix *(p. 44)*. Senão, ande até o **Parc du Cinquantenaire** *(p. 77)* e escolha o museu que quer conhecer. Para comer alguma coisa, vá à **Place Jourdan**, onde há cafés e restaurantes para todos os bolsos.

Tarde

Atravesse o Parc Léopold para visitar o estranho **Musée Wiertz** *(esquerda)*, então ande cerca de 1km até o agradável **Musée Communal d'Ixelles** *(p. oposta)*. Se achar que basta, vá ao descolado **Café Belga**, no edifício dos anos 1930 da Rádio Flagey *(p. 81)*; senão, prossiga pela Chaussée de Vleurgat até chegar ao **Musée Constantin Meunier** *(acima à esquerda)*. Agora você está a apenas 10 minutos do **Musée Horta** *(pp. 18-9)*. De lá pode voltar para casa de bonde ou perambular pelas casas art nouveau das redondezas *(pp. 44-5)* e encerrar seu dia nos supermodernos e badalados **Les Salons** *(p. 81)*.

Veja mais sobre os artistas belgas nas **pp. 36-7**

Parlement Européen; Maison d'Erasme

TOP 10 Outras Atrações

1 Musée Bruxellois de la Gueuze

Se for visitar só um museu da cerveja, que seja este esplêndido exemplar, cheio de teias de aranhas. *Rue Gheude 56, 1070 BRU (Anderlecht) • Mapa A4 • 02 521 49 28 • www.cantillon.be • Aberto 9h-17h seg-sex, 10h-17h sáb • Fechado dom e feriados • Entrada paga*

2 Maison d'Erasme

Charmosa casa de tijolo vermelho onde o holandês Erasmo se hospedou em 1521. Hoje é um museu que evoca seu trabalho. *Rue du Chapitre 31, 1070 BRU (Anderlecht) • Mapa F2 • 02 521 13 83 • Aberto 10h-17h ter-dom • Entrada paga*

3 Béguinage d'Anderlecht

Minúsculo *béguinage (p. 86)* – hoje museu que mostra como as *béguines* viviam. *Rue du Chapelain 8, 1070 BRU • Mapa F2 • 02 521 13 83 • Aberto 10h-12h, 14h-17h ter-dom • Entrada paga*

4 Basilique Nationale du Sacré-Coeur

Maior edifício art déco já erguido. Vista magnífica desde seu domo. *Parvis de la Basilique 1, 1081 BRU (Ganshoren) • Mapa F2 • 02 425 88 22 • Aberta Páscoa-out 9h-17h; nov-Páscoa 10h-16h • Grátis (entrada paga para vista panorâmica)*

5 Parlement Européen

O Quartier Léopold é dominado pela enorme construção de vidro e aço do Parlamento Europeu. A idade mínima dos visitantes é 14 anos. *Rue Wiertz 43, 1047 BRU • Mapa F5 • 02 284 21 11 • www.europarl.eu.int • Grátis*

6 Muséum des Sciences Naturelles

Os primeiros esqueletos completos de dinossauros. *Rue Vautier 29 • Mapa F5 • 02 627 42 38 • www.sciencesnaturelles.be • Aberto 9h30-17h ter-dom (10h-18h nas férias escolares) • Entrada paga*

7 Serres Royales

Estufas reais. *Ave du Parc Royal (Domaine Royal), 1020 BRU • Mapa G1 • 02 551 20 20 • Abertas abr-mai • Entrada paga*

8 Musée René Magritte

A residência de Magritte. *Rue Esseghem 135, 1090 BRU • Mapa F1 • 02 428 26 26 • www.magrittemuseum.be • Aberto 10h-18h seg-dom • Entrada paga*

9 Palais Stoclet

Mansão art nouveau erguida em 1905-11. *Ave de Tervuren 279, 1150 BRU (Woluwe-Saint-Pierre) • Mapa G2*

10 Bruparck

Parque para a família. *Bvd du Centenaire 20, 1020 BRU • Mapa F1 • 02 474 83 83 • www.bruparck.com • Aberto em horários variados; verifique com antecedência • Entrada paga*

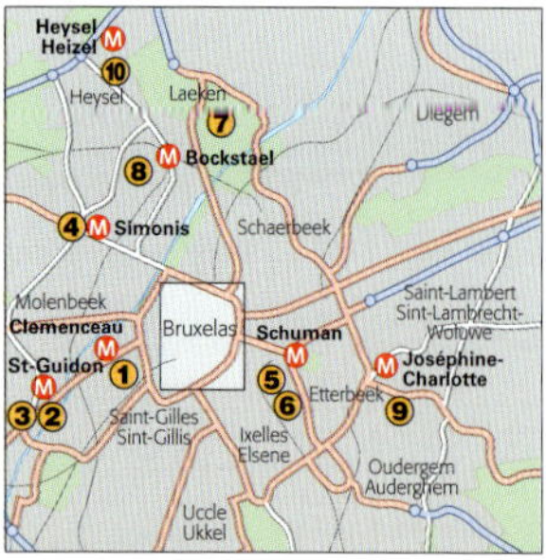

La Quincaillerie

Categorias de Preço

Refeição para uma pessoa com três pratos e meia garrafa de vinho (ou refeição equivalente), impostos e serviço.

€	até €30
€€	€30-€40
€€€	€40-€50
€€€€	€50-€60
€€€€€	acima de €60

TOP 10 Restaurantes, Cafés e Bares

1 Bruneau
O chef Jean-Pierre Bruneau recebeu duas estrelas Michelin. *Ave Broustin 73–5, 1083 BRU (Ganshoren) • Mapa F2 • 02 421 70 70 • www.bruneau.be • Fecha ter, qua • €€€€€*

2 La Quincaillerie
Restaurante numa antiga loja de ferragens; o interior espetacular pôs no mapa o designer de interiores Antoine Pinto. *Rue du Page 45, 1050 BRU (Ixelles) • Mapa G2 • 02 533 98 33 • www.quincaillerie.be • Fechado dom almoço • €€€*

3 Les Salons
Restaurante em local magnífico. *Chaussée de Charleroi 89, 1060 BRU (Saint-Gilles) • Mapa C6 • 02 538 29 99 • Fechado dom, seg • €€€*

4 La Brouette
Comida para gourmets. *Boulevard Prince de Liège 61, 1070 BRU (Anderlecht) • Mapa F2 • 02 522 51 69 • www.labrouette.be • Fechado sáb almoço, dom almoço, seg • €€€*

5 Tsampa
Restaurante vegetariano conhecido por seus pratos de inspiração asiática. *Rue de Livourne 109, 1050 BRU (Ixelles) • Mapa G2 • 02 647 03 67 • Fechado sáb e dom • €*

6 Les Fils de Jules
Comida substanciosa e saborosa, e vinho da região basca e de Landais. *Rue du Page 35, 1050 BRU (Ixelles) • Mapa G2 • 02 534 00 57 • Fechado sáb almoço, dom almoço, seg • €€€€*

7 La Canne en Ville
Restaurante num açougue reformado com muita sensibilidade. Culinária de base francesa. *Rue de la Réforme 22, 1050 BRU (Ixelles) • Mapa G2 • 02 347 29 26 • Fechado sáb almoço, dom, fim de semana jul-ago • €€€€*

8 Café Belga (no Edifício Flagey)
Descolado café que atrai freguesia jovem e artística. Não surpreende, já que está no edifício art deco dos anos 1930 da Rádio Flagey. Também espaço musical dinâmico. *Place Eugène Flagey • Mapa G2 • 02 640 35 08 • www.cafebelga.be*

9 Chez Moeder Lambic
Pub acolhedor dedicado à cerveja, com 450 tipos em seu menu. *Rue de Savoie 68, 1060 BRU (Saint-Gilles) • Mapa G2 • 02 539 14 19*

10 Colmar
Filial da rede Colmar abrigada num prédio do século XVI que no passado foi uma prisão espanhola. *Boulevard de la Woluwé 71 • Mapa H2 • 02 762 98 55 • www.colmar.be • €*

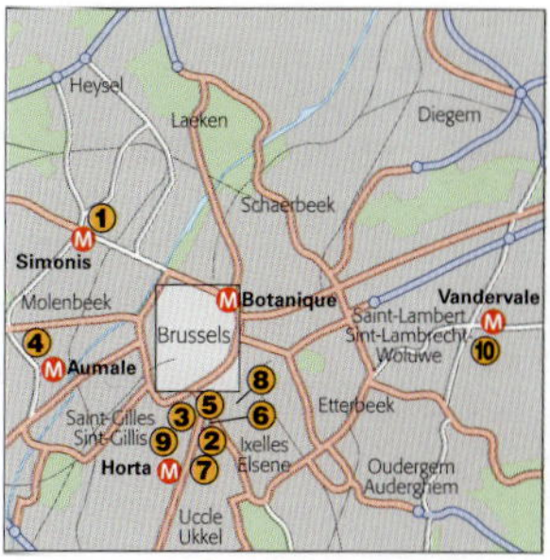

Retrato de uma família de Bruges, de Jacob van Oost (Groeningemuseum); Sint-Janshospitaal

Bruges

NA IDADE MÉDIA, BRUGES *era uma das cidades mais prósperas da Europa. Sua riqueza vinha do comércio de sedas, peles, tapetes asiáticos, frutas, vinhos e até animais exóticos. Então, por volta de 1500, Bruges perdeu destaque e passou quatro séculos adormecida. Permaneceu como cidade medieval pequena, e sua pobreza era suavizada por asilos para os pobres, instituições caridosas e uma indústria caseira que supria a demanda europeia de rendas. No final do século XIX, alguns antiquários reconheceram Bruges como joia histórica, lançando uma campanha de preservação e restauração. Desde então, a cidade passou a ser um destino famoso. Além de uma série de hotéis, restaurantes e bares, Bruges possui coleções de arte de fama internacional e é ótima para percorrer a pé.*

Belfort

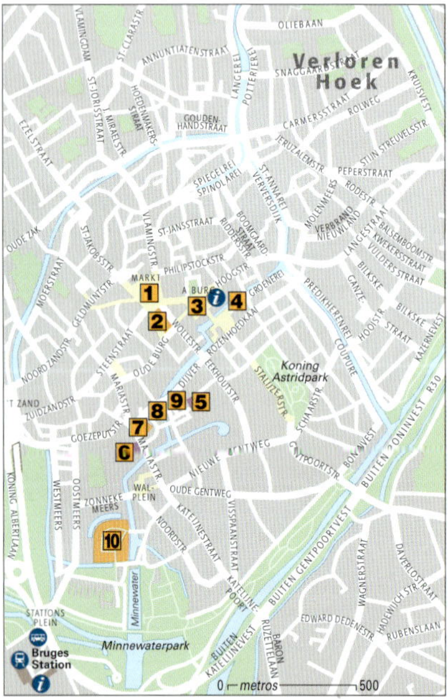

Destaques

1. Markt
2. Belfort
3. A Burg
4. Steenhouwersdijk e Groenerei
5. Groeningemuseum
6. Memling in Sint-Jan--Hospitaalmuseum
7. Onze-Lieve-Vrouwekerk
8. Gruuthusemuseum
9. Arentshuis (Brangwynmuseum)
10. Begijnhof

Nas páginas anteriores, **prédio ao lado da água, Bruges**

1 Markt

O mercado central de Bruges ainda conserva boa parte de seu traçado original, ladeado por velhas sedes de guildas com frontões em degraus, mas o Provinciaal Hof, o prédio do governo provincial, do lado oriental da cidade, foi erguido no final do século XIX. A Markt ainda é o ponto principal de Bruges. Uma feira grande acontece ali nas manhãs de quarta, e em dezembro há uma feirinha de Natal (com rinque de patinação no gelo). *Mapa K4*

2 Belfort

Para ter uma vista magnífica das ruas medievais de Bruges, suba 366 degraus até o Belfort (campanário). O conjunto de sinos, no alto, é formado por 47 sinos do carrilhão, tocados por um mecanismo instalado em 1748. Mas também pode ser tocado manualmente, em um teclado no andar de baixo, pelo *beiaardier* (tocador de carrilhão) da cidade – diz a piada que ele é o funcionário de salário mais alto de Bruges. *Markt 7 • Mapa K4 • Aberto 9h30-17h diariam (último horário 16h15) • Entrada paga*

3 A Burg

Esta pequena e atraente praça – um brilhante conjunto de arquitetura histórica, escultura e detalhes dourados – era o principal ponto da velha Bruges *(pp. 22-3)*.

Groenerei

4 Steenhouwersdijk e Groenerei

Bem ao sul da Burg há um dos mais belos trechos de canal, onde a água calma reflete o horizonte e as pontes medievais. Aqui o Steenhouwersdijk (aterro dos canteiros) vira o Groenerei (canal verde), e na sua margem há o pitoresco asilo para carentes De Pelikaan, que data de 1714 e deve seu nome ao pelicano, símbolo da caridade cristã. *Mapa L4*

5 Groeningemuseum

Além de ser uma das melhores coleções de arte do norte da Europa, com obras brilhantes dos mestres da pintura flamenga do final da Idade Média, como Jan van Eyck e Hans Memling, é agradavelmente pequeno *(pp. 24-5)*.

Markt

Veja mais sobre as informações turísticas de Bruges em www.brugge.be

6 Memling in Sint-Jan--Hospitaalmuseum

Hans Memling (1435-94) foi um dos artistas mais importantes de Flandres na era borgonhesa, e o Hospital São João foi um de seus maiores clientes. Os visitantes são aconselhados a usar o serviço de audioguia que acompanha o ingresso. O hospital e suas velhas enfermarias medievais trazem uma miscelânea fascinante de tesouros, pinturas e equipamentos médicos históricos, além de uma farmácia do século XV. A exposição chega ao ápice na capela, onde está a coleção de pinturas de Memling, de valor inestimável *(pp. 24-5).*

Onze-Lieve-Vrouwekerk

7 Onze-Lieve-Vrouwekerk

A alta agulha da torre da Igreja de Nossa Senhora é outro ponto de referência no horizonte de Bruges. É uma estranha mistura arquitetônica: o exterior é um ótimo exemplo do estilo austero conhecido como Gótico de Scheldt ou escaldiano e foi construído ao longo de dois séculos, começando em 1220. Já o interior é essencialmente gótico, com floreios barrocos nas estátuas e no seu extravagante púlpito (1743). A igreja é um lugar surpreendente para abrigar um dos grandes tesouros do norte da Europa: a tela *A Virgem e o Menino Jesus* (1504-5), de Michelangelo, que aqui chegou graças aos estreitos vínculos de Bruges com a Itália renascentista. O museu da igreja abriga os belos túmulos com douraduras, ricos em detalhes da época, de Carlos, o Temerário (1433-77), duque da Borgonha, e de sua filha Maria (1457-82).

Mariastraat • Mapa K5 • Aberto 9h30-16h50 seg-sex, 9h30-16h40 sáb, 13h30-17h dom • Entrada paga no museu (igreja grátis)

Béguinages

Tradição nos Países Baixos, estes edifícios foram fundados no século XIII para abrigar as mulheres *(béguines)* solteiras ou viúvas devido às Cruzadas. Embora fossem espaços piedosos, as *béguinages*, ou *begijnhofs*, não eram conventos: as *béguines* podiam sair para se casar. As *béguinages* que restaram são usadas como habitações sociais.

8 Gruuthusemuseum

Se é difícil visualizar a vida no passado de Bruges, este museu pode ajudar. Ele apresenta uma rica coleção de objetos das casas da classe mercantil, desde artigos de cozinha até instrumentos musicais, móveis, tecidos e armas. O prédio, do século XV, foi no passado o Palácio dos Lordes de Gruuthuse, que enriqueceram graças a um imposto sobre as substâncias condimentares colocadas na cerveja *(gruut)*; assinalando o status deles, a casa possui uma galeria que se volta para o coro da Onze-Lieve-Vrouwekerk, ao lado. A casa foi restaurada no século XIX para exibir as peças desta coleção. *Dijver 17 • Mapa K4 • Mapa K4 • Aberto 9h30-17h ter-dom • Entrada paga (com Museu Arqueológico,* p. 41*)*

9 Arentshuis (Brangwynmuseum)

Frank Brangwyn (1867-1956) foi um talentoso pintor nascido em Bruges, filho de William Curtis Brangwyn, integrante de um grupo de artistas e arquitetos britânicos que ajudaram a restaurar a glória gótica da cidade. Frank Brangwyn doou a ela uma impressionante coleção de suas obras, que hoje fica exposta no piso superior da Arentshuis, do final do século XVIII. O térreo é usado para exposições temporárias. *Dijver 16 • Mapa K4 • Aberto 9h30-17h ter-dom • Entrada paga*

10 Begijnhof

Este belíssimo encrave, que de 1245 a 1928 abrigou uma comunidade de *béguines (ver boxe)*, exprime algo essencial da alma de Bruges. Em volta do parque sombreado de árvores ficam as casas caiadas dos séculos XVII e XVIII das *béguines*. Você pode visitar a parte externa, a igreja do *béguinage* e uma das casas *(Begijnhuisje)*. *Wijngaardstraat • Mapa K5• Espaço externo aberto até 18h30. A Begijnhuisje fica aberta 10h-17h seg-sáb, 2h30-17h dom • Entrada paga na Begijnhuisje (espaço externo gratuito)*

Begijnhof

Um Dia em Bruges

Manhã

Um longo dia de caminhada. Comece na **Burg** *(pp. 22-3)* e ande para o sul, atravessando a Blinde Ezelstraat inteira. Passeie ao lado dos canais em **Steenhouwersdijk** e **Groenerei** *(p. 85)*; percorra a Huidenvettersplein até o **Dijver**, para apreciar a vista mais bonita da cidade. Então passe pela **Onze-Lieve--Vrouwekerk** *(p. ao lado)*, chegando à **Mariastraat** e à **Katelijnestraat**, e pare para tomar um chocolate quente divino no **De Proeverie** *(p. 91)*. Siga pela Wijngaardstraat até o **Begijnhof** *(à esq.)*, dê a volta do **Minnewater** *(p. 88)* e retorne pela Katelijnestraat. Observe os asilos para pobres em diversos lugares ao longo desta rua (por exemplo nos nºs 87-101 e 79-83). Para almoçar, caminhe até a área da **Vismarkt** – vá ao Café 't Volkshuis, por exemplo *(p. 93)*.

Tarde

Agora você vai passar pelo centro comercial medieval da cidade. Partindo da **Markt** *(p. 85)*, suba pela Vlamingstraat. Na **Beursplein**, havia um grupo de "casas" nacionais – sedes de comerciantes estrangeiros –, como a **Casa Genovesa** (nº 33). A primeira Bolsa de Valores do mundo, a **Huis ter Beurze**, ficava no nº 35 *(p. 88)*. Siga pela Academiestraat até o **Spiegelrei** *(p. 88)*. Suba a Langerei para acompanhar o canal que leva à **Damme** *(p. 63)*, onde os bens eram transferidos de navios a barcaças. Retorne pela Sint-Jakobstraat, fazendo um desvio para passar no **'t Brugs Beertje** *(p. 91)*, com sua famosa coleção de cervejas.

Minnewater; Museu de Diamantes

TOP 10 Outras Atrações

1 Sint-Salvatorskathedraal

Foi na Igreja de São Salvador que a Ordem do Tosão de Ouro se reuniu em 1478. *Steenstraat • Mapa K4 • Aberta 14h-18h seg, 8h30-12h e 14h-18h ter-sex, 8h30-12h e 14h-15h30 sáb, 9h-10h15 e 14h-17h dom • Grátis*

2 Huisbrouwerij De Halve Maan

Acompanhe o processo de produção de cerveja nesta cervejaria em atividade desde 1856. *Walplein 26 • Mapa K5 • 050 33 26 97 • www.halvemaan.be • Visitas guiadas abr-out: 11h-16h diariam (17h sáb); nov-mar: 11h e 15h seg-sex, 11h-16h sáb-dom • Entrada paga*

3 Godshuis De Vos

Os asilos de pobres *(godshuizen)* de Bruges podem ser identificados por suas humildes paredes caiadas, inscritas com nomes e datas. Este exemplar bonito data de 1643. *Noordstraat 2-8 • Mapa K5*

4 Minnewater

Romântico lago formado por uma porta de eclusa no rio Reie – um porto agitado nos tempos medievais. *Mapa K6*

5 Diamantmuseum Brugge

A história dos diamantes explicada. *Katelijnestraat 43 • Mapa K5 • 050 34 20 56 • www.diamondmuseum.be • Aberto 10h30-17h30 diariam • Entrada paga*

6 Sint-Walburgakerk

Esta bela igreja jesuíta, erguida em 1619-43, é uma sinfonia barroca de mármore negro e branco, com o magnífico púlpito de madeira. *Sint-Maartensplein • Mapa L3 • Páscoa-set 8h-22h diariam • Grátis*

7 Huis ter Beurze

Esta casa bem restaurada – estalagem medieval onde mercadores trocavam notas de crédito – é o local da primeira Bolsa de Valores do mundo. *Vlamingstraat 35 • Mapa K3*

8 Spiegelrei

Este belo trecho de canal vai até o coração da cidade. Na Jan van Eyckplein 2 fica o antigo posto de pedágio; diante dele, os mercadores ricos se reuniam no Poortersloge. *Mapa L3*

9 Sint-Gilliskerk

A igreja paroquial de Santo Egídio é incomum devido à abóbada cilíndrica em cima da nave. Ela abriga o túmulo de Hans Memling. *Mapa L2 • Aberta maio-set 10h-12h e 14h-17h seg-sáb, 11h-12h e 14h17h dom • Grátis*

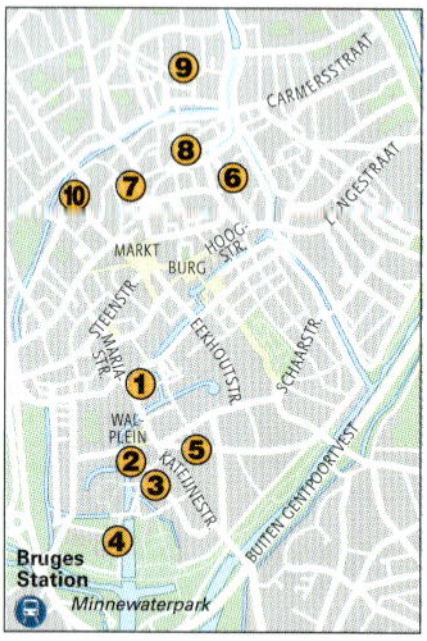

10 Sint-Jakobskerk

A Igreja de São Tiago contém pinturas e túmulos notáveis. *Mapa K3 • Aberta jul-ago apenas: 14h-17h30 seg-sex e dom • Grátis*

A tranquila Minnewater é um local popular para caminhar ou fazer piqueniques

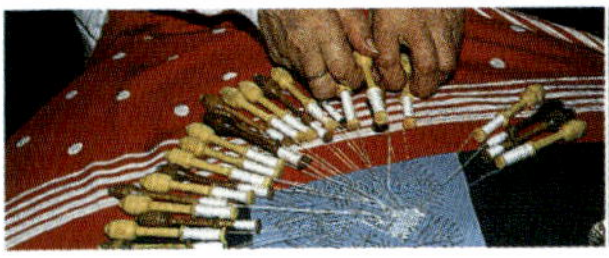

Kantcentrum; Kruispoort

TOP 10 Zona Leste de Bruges: Sint-Anna

1 Onze-Lieve-Vrouw ter Potterie

Este museu pequeno e charmoso reúne tesouros, objetos incomuns e uma linda capela barroca. ✎ *Potterierei 79 • Mapa L1 • Aberto 9h30-12h30, 13h30-17h ter-dom • Entrada paga*

2 Duinenbrug

Os canais de Bruges eram atravessados por pequenas pontes levadiças, feitas para permitir a passagem de embarcações. Esta é uma reconstrução de 1976. ✎ *Mapa L2*

3 Museum voor Volkskunde

Ocupando asilos do século XVII para pobres do lado oriental da cidade, o museu folclórico de Bruges tem um fascinante acervo de artefatos históricos. ✎ *Balstraat 43 • Mapa L3 • Aberto 9h30-17h ter-dom • Entrada paga*

4 Sint-Annakerk

Reformada com esmero após ser destruída por iconoclastas, esta igreja é um local tranquilo, com floreios barrocos. ✎ *Mapa L3 • Aberta abr-set 10h-12h e 14h-17h seg-sex, 14h-17h dom • Grátis*

5 Guido Gezelle-museum

Residência de um dos mais amados poetas da língua holandesa (e flamenga), o padre Guido Gezelle (1830-99). ✎ *Rolweg 64 • Mapa M2 • Aberto 9h30-12h30 e 13h30-17h ter-dom • Entrada paga*

6 Schuttersgilde Sint--Sebastiaan

A sede da Guilda dos Arqueiros ainda funciona como clube de arco e flecha. ✎ *Carmersstraat 174 • Mapa M2 • 050 33 16 26 • Aberta abr-set: 10h-12h ter-qui, 14h-17h sáb; out-mar: 14h-17h ter-qui e sáb • Entrada paga*

7 Jeruzalemkerk e o Kantcentrum

Capela particular do século XV inspirada nas peregrinações a Jerusalém. Ao lado fica o Kantcentrum (Centro de Renda). ✎ *Peperstraat 3a • Mapa L3 • Aberta 10h-17h seg-sáb. Fechados feriados • Entrada paga*

8 Moinhos de Vento no Kruisvest

Dois dos quatro moinhos de vento remanescentes da cidade, Sint--Janshuismolen e Koeleweimolen, ficam abertos ao público. ✎ *Mapa M2 • Abertos 9h30-12h30 e 13h30-17h ter-dom (Sint-Janshuismolen: mai-ago; Koeleweimolen: jul e ago) • Entrada paga*

9 Kruispoort

Um dos quatro portões remanescentes das muralhas da cidade. ✎ *Mapa M3*

10 Muur der Doodgeschotenen

Um muro marcado de balas lembra doze homens executados pelo exército alemão durante a Primeira Guerra Mundial. ✎ *Mapa M3*

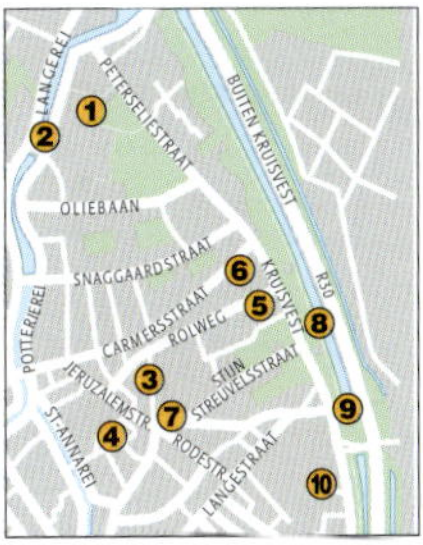

Chocoladehuisje; Feira no sábado de manhã, 't Zand

TOP 10 Compras

1 Steenstraat and Zuidzandstraat

A área comercial principal liga a Markt à 't Zand. Roupas, calçados, chocolates – está tudo aqui. *Mapa K4*

2 Zilverpand

Este labirinto de arcadas entre Zuidzandstraat e Noordzandstraat é composto principalmente de butiques de roupa. *MapaK4*

3 Chocoladehuisje

Há lojas de chocolate em cada esquina de Bruges. Os maiores nomes estão na Steenstraat e na Zuidzandstraat, mas experimente os formatos imaginativos (às vezes eróticos). *Wollestraat 15 • Mapa K4*

4 The Bottle Shop

Bruges tem duas cervejarias muito conhecidas, De Gouden Boom e De Halve Maan. A Bottle Shop vende as cervejas delas e todas as outras da Bélgica. *Wollestraat 13 • Mapa K4*

5 The Little Lace Shop

Ainda existem algumas rendeiras em Bruges, mas não as 10 mil que havia em 1840. Para encontrar a renda legítima, vá a uma loja confiável como esta, a menor e mais antiga (fundada em 1923). *Markt 11 • Mapa K4*

6 The Tintin Shop

Tem a gama inteira de artigos ligados ao personagem Tintim. *Steenstraat 3 • Mapa K4*

7 Huis van Loocke

Bruges é tão pitoresca que atrai muitos artistas, e várias lojas excelentes fornecem os materiais de que eles precisam. Esta é comandada pela mesma família há três gerações. *Ezelstraat 17 • Mapa L4*

8 Pollentier-Maréchal

Esta loja fina vende gravuras antigas, muitas de Bruges. *Sint-Salvatorskerkhof 8 • Mapa K5*

9 Feiras e Mercados

As feiras gerais acontecem na Markt (manhãs de quarta) e na 't Zand (manhãs de sábado). Há também uma pequena mas mágica feira de Natal na Markt. Mercados de pulgas acontecem nas tardes dos dias úteis na Dijver e no Vismarkt. *Mapa J4, K4, L4*

10 Supermercados

Os supermercados maiores (como o Louis Delhaize) ficam nos subúrbios, mas alguns pequenos, como o Profi, se localizam na cidade. *Oude Burg 22 • Mapa K4*

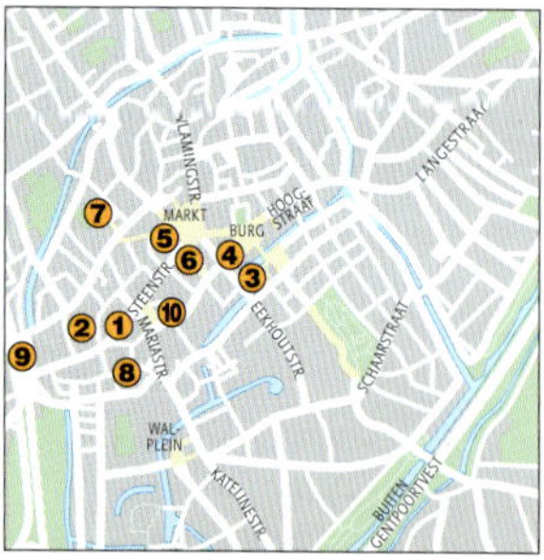

De Proeverie; Café Vlissinghe

TOP 10 Cafés, Casas de Chá e Bares

1 De Garre
Velho e famoso *staminee* (pub) na entrada de uma viela pitoresca. Também serve lanches leves. ⓢ *De Garre 1 (saindo da Breidelstraat) • Mapa K4*

2 Café Vlissinghe
Consta que é a taverna mais antiga de Bruges, fundada em 1515. Van Dyck teria encontrado pintores por aqui. Há uma quadra de boliche no jardim. ⓢ *Blekerstraat 2 • Mapa L3 • Fechado seg e ter*

3 De Proeverie
Pequeno e agradável café, que pertence à chocolataria em frente; o chocolate quente é uma de suas especialidades. ⓢ *Katelijnestraat 6 • Mapa K5*

4 La Plaza
Glamouroso café-bar frequentado por clientela charmosa. Drinques, coquetéis e deliciosas comidas leves. ⓢ *Kuipersstraat 13 • Mapa K3*

5 Wijnbar Est
Casinha de tijolos vermelhos tendo o canal ao fundo e com jazz ao vivo aos domingos. Serve lanches e uma ótima seleção de vinhos. ⓢ *Braambergstraat 7 • Mapa L4 • 050 33 38 39 • Fechado seg e ter*

6 Café "De Versteende Nacht"
A vida noturna de Bruges é limitada, mas este jazz-café tem público acolhedor e boa culinária básica. ⓢ *Langestraat 11 • Mapa L3 • 050 68 81 77 • Aberto só à noite, seg-sáb*

7 Joey's Café
Café-bar divertido, com iluminação tênue nas mesas e cadeiras confortáveis. Promove ocasionais shows gratuitos. ⓢ *Zilverpand (saindo da Zuidzandstraat) • Mapa K4*

8 't Brugs Beertje
Um dos grandes pubs de cerveja, serve nada menos que 300 tipos. Se você não conseguir se decidir, pergunte aos garçons. Se quiser aprender mais, assista a um dos seminários sobre cerveja. ⓢ *Kemelstraat 5 • Mapa K4 • Fechado qua*

9 Lokkedize
Pub simples que serve boa cerveja e lanches e refeições saudáveis. Com frequência há jazz ao vivo. ⓢ *Korte Vuldersstraat 33 • Mapa K5 • 050 33 44 50 • Fechado seg e ter*

10 In de Plantenmarkt
Saindo da Markt, este é um dos poucos bares genuínos – em oposição às brasseries – da zona central de Bruges, e por essa razão muito frequentado pelos moradores. ⓢ *Sint-Amandsstraat 2 • Mapa K4*

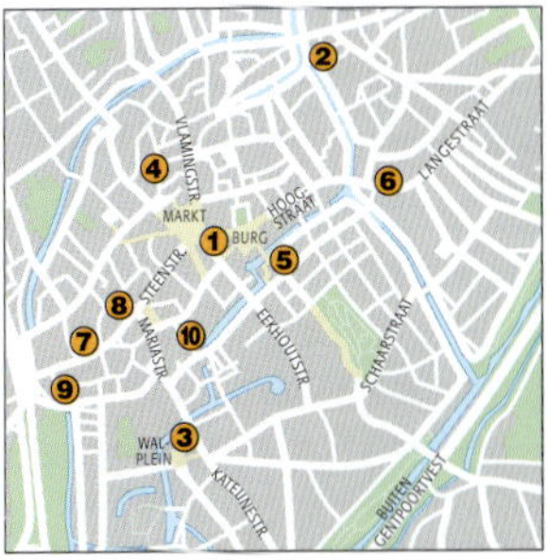

Saint Amour; Den Dyver

TOP 10 Restaurantes

1 De Karmeliet

Este três-estrelas Michelin está entre os melhores do país. *Langestraat 19 • Mapa L3 • 050 33 82 59 • Fechado dom e seg • €€€€€*

2 Patrick Devos "De Zilveren Pauw"

Restaurante valorizado pelo toque criativo do chef Devos, numa elegante casa belle époque. *Zilverstraat 41 • Mapa K4 • 050 33 55 66 • Fechado sáb almoço, dom • €€€€€*

3 Saint Amour

Jante à luz de velas. O chef Johan Nelissen já foi duas vezes eleito o melhor de Flandres. *Oude Burg 14 • Mapa K4 • 050 33 71 72 • Fechado seg, ter • €€€€*

4 Den Gouden Karpel

Ótimo restaurante de peixes ao lado do Vismarkt (mercado de peixes), com excelente peixaria ao lado. *Huidenvettersplein 4 • Mapa L4 • 050 33 34 94 • Fechado seg • €€€€*

5 Florentijn

Cozinha francesa ambiciosa, arte contemporânea, design sofisticado e mais de 300 vinhos, tudo garante uma refeição memorável. *Academiestraat 1 • Mapa K3 • 050 67 75 33 • Fechado dom, seg • €€€€€*

6 Rock Fort

Interior moderno e sóbrio em casa familiar antiga. A equipe jovem infunde verve à culinária contemporânea. *Langestraat 15 • Mapa L3 • 050 33 41 13 • Fechado sáb e dom • €€€€*

7 Den Dyver

Paraíso para os amantes da cerveja, com uma gama espantosa de sabores: a maioria dos pratos é feita com cerveja belga e vem acompanhada de uma cerveja selecionada. *Dijver 5 • Mapa L4 • 050 33 60 69 • Fechado qua, qui almoço • €€€€*

8 Den Amand

Restaurante pequeno, serve pratos criativos com inspiração mundial. *Sint-Amandsstraat 4 • Mapa K4 • 050 34 01 22 • Fechado dom e qua • €€€*

9 't Begijntje

Este popular restaurante-casa de chá é um dos mais agradáveis de Bruges. Prove a deliciosa sopa de peixe. *Walstraat 11 • Mapa K5 • 050 33 00 89 • Fechado ter, qua • €€*

10 Resto Mojo

Brasserie informal com garçons atenciosos e cardápio interessante, serve carpaccio de ostras e tagliatelle de lula. *Schaarstraat 4 • Mapa M4 • 050 68 05 09 • Fechado ter, qua • €€€*

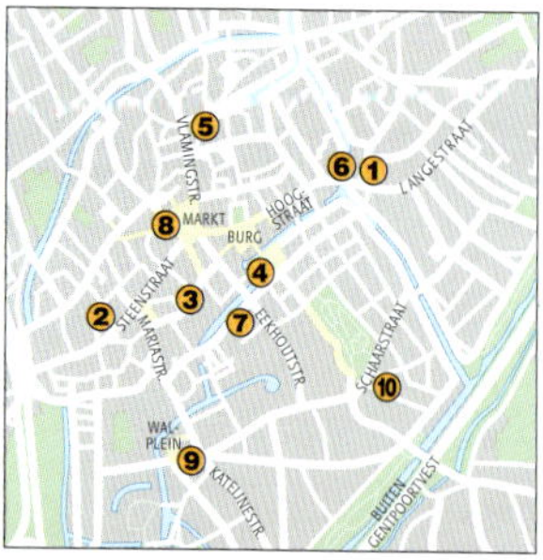

Veja mais sobre a culinária belga clássica na **p. 57**

In't Nieuw Museum

Categorias de Preço

Refeição para uma pessoa com três pratos e meia garrafa de vinho (ou refeição equivalente), impostos e serviço.		
	€	até €30
	€€	€30-€40
	€€€	€40-€50
	€€€€	€50-€60
	€€€€€	acima de €60

TOP 10 Lanchonetes, Brasseries, Bistrôs

1 Bistrô de Pompe

Bistrô muito movimentado, menu de almoço de ótima relação custo-benefício nos dias úteis. Refeições substanciais, saladas, lanches e crepes. *Kleine Sint--Amandstraat 2 • Mapa K4 • 050 61 66 18 • Fechado seg • €€€*

2 Het Dagelijks Brood

Parte de uma rede apreciada que oferece sanduíches saudáveis com pão crocante, salgados e outros lanches. *Philipstockstraat 21 • Mapa K4 • Fechada ter • €*

3 Taverne De Verloren Hoek

Taverna tradicional, agradável e acolhedora, cujo nome se deve a sua localização no "Canto Perdido" da zona leste de Bruges. *Carmerstraat 178 • Mapa M2 • Fechada ter jantar, qua • €*

4 De Belegde Boterham

O nome significa "sanduíche aberto", e é exatamente isso o que a casa serve – além de sopas, saladas e bolos. *Kleine Sint-Amandsstraat 5 • Mapa K4 • Aberto 12h-16h • €*

5 Salade Folle

Casa de chá e restaurante merecidamente popular, serve pratos leves, bolos caseiros, panquecas e waffles. *Walplein 13-14 • Mapa K5 • 050 34 94 43 • Fechado ter almoço, qua • €*

6 Sapristi

Este café tem orgulho de seus sucos de frutas e verduras. Bom lugar para saborear um sanduíche, uma cerveja ou um café. *Dweersstraat 4 • Mapa K4 • Fechado dom • €*

7 Juliette's

Comandado por mãe e filha, serve pratos leves e é frequentado por mulheres que fazem compras na cidade. *Wollestraat 31a • Mapa K4 • 050 34 84 40• Fechado à noite, dom • €*

8 In't Nieuw Museum

Nesta velha taverna, a carne é assada sobre as brasas acesas (à noite) numa lareira do século XIX. Experiência deliciosamente primitiva. *Hooistraat 42 • Mapa M4 • 050 33 12 80 • Fechada ter, qua • €€*

9 Gran Kaffee de Passage

O interior curiosamente decrépito, iluminado por velas, forma um charmoso ambiente para curtir boa cerveja e pratos belgas substanciais, a preços adequados. *Dweersstraat 26 • Mapa K4 • 050 34 02 32 • €*

10 Het Andere Idee

Confortável "bistrô de massas", popular entre os moradores e com preços acessíveis. *Hauwerstraat 9 • Mapa J5 • 050 34 17 89 • Fechado seg, ter • €*

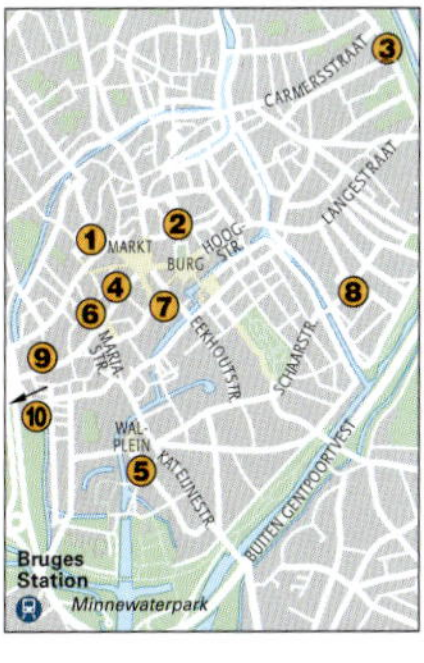

Adoração do cordeiro místico **(painel central), de Hubrecht e Jan van Eyck; Graslei**

Gent

GENT TEM MUITO EM COMUM COM BRUGES. *Dispõe de um rico legado de edifícios medievais e tesouros artísticos herdados de seus tempos de centro mercantil próspero. As águas tranquilas de seus canais refletem os frontões de suas velhas sedes de guildas e as agulhas das torres de seu horizonte secular. Diferentemente de Bruges, no entanto, Gent ganhou vida nova no início do século XIX, como primeira cidade industrial da Bélgica. Abriga também uma grande e famosa universidade. Esses fatores a dotaram do movimento e da verve juvenil que moldaram sua personalidade. Gent exibe uma grandeza elegante, simbolizada por sua catedral e seus teatros; mas também possui um caráter intimista, e a teia formada por suas ruas medievais faz dela uma cidade perfeita para se percorrer a pé. Assim, talvez não surpreenda que Gent seja a cidade preferida de muitas pessoas que visitam Flandres com frequência.*

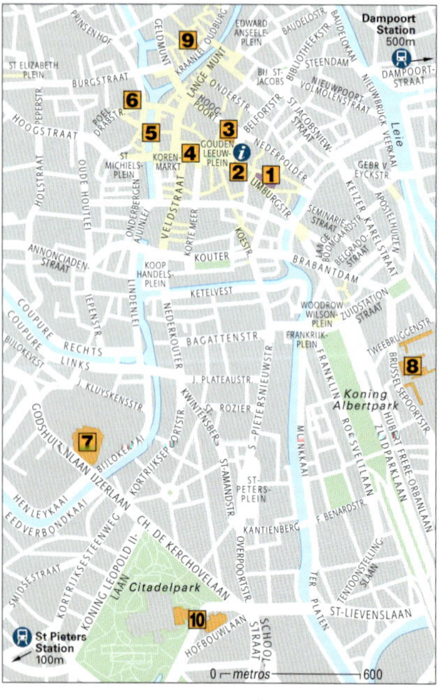

Sint-Niklaaskerk

TOP 10 Destaques

1. Sint-Baafskathedraal
2. Belfort
3. Stadhuis
4. Sint-Niklaaskerk
5. Graslei e Korenlei
6. Design Museum Gent
7. STAM
8. Klein Begijnhof
9. Het Huis van Alijn
10. Museum voor Schone Kunsten e SMAK

Veja mais sobre as informações turísticas de Gent em www.gent.be

1 Sint-Baafskathedraal

São Bavão, ou Bavon em francês, nasceu em Gent no século VII. A catedral que leva seu nome data do século X, mas a maior parte dela é gótica e foi erguida ao longo de três séculos, a partir de 1290. São excepcionais o grandioso púlpito rococó de carvalho e mármore (1741-5) e o maior tesouro da igreja, o retábulo do século XV em vários painéis, chamado *Adoração do cordeiro místico*, de Hubrecht e Jan van Eyck *(pp. 26-7)*. *Sint-Baafsplein • Mapa Q2 • 09 269 20 45 • Aberta abr-out 8h30-18h seg-sáb; 9h30-18h dom; nov-mar 8h30-17h seg-sáb, 9h30-17h dom (aberta a não fiéis apenas após 13h dom) • Cobra ingresso (apenas para o* Cordeiro místico*)*

2 Belfort

O campanário de Gent é um ponto de referência que se ergue por 91m, até o dragão dourado da ponta de sua agulha. Foi construído em 1380-1 e por séculos serviu como torre de vigia, relógio e alarme. Possui um carrilhão de 54 sinos, usado em concertos regulares. Há um elevador para chegar ao topo. *Emile Braunplein • Mapa Q2 • Aberto 15 abr-15 nov 10h-18h diariam • Entrada paga*

Salão do Trono, Stadhuis

Sint-Baafskathedraal

3 Stadhuis

A impressionante sede da prefeitura foi palco de alguns dos momentos mais importantes da história da cidade. No interior há várias salas da Câmara, ainda hoje usadas. Algumas datam do século XV, outras foram redecoradas na restauração feita a partir de 1870. *Botermarkt 1 • Mapa Q2 • Aberta mai-out 14h30 seg-qui (apenas visitas guiadas partindo do centro de informação turística do Belfort) • Entrada paga*

4 Sint-Niklaaskerk

São Nicolau, o bispo de Mira, foi o padroeiro dos mercadores, e esta era a igreja deles. Erguida entre os séculos XIII e XV, é o melhor exemplo belga do estilo austero conhecido como gótico de Scheldt ou escaldiano. *Catalonïëstraat • Mapa Q2 • Aberta 14h-17h seg, 10h-17h ter-dom • Grátis*

5 Graslei e Korenlei

Graslei e Korenlei são pontos de partida para passeios no canal. Os dois canais são ladeados pelas sedes das Guildas dos Mercadores e Comerciantes, do século XII. Sint-Michielsbrug, a ponte situada no sul, tem a melhor vista da cidade. *Mapa P2*

6 Design Museum Gent

Este museu é obrigatório para aqueles que se interessam por mobília e decoração de interiores. Abrigado em uma grandiosa mansão do século XVIII, além de um anexo moderno, oferece aos visitantes um painel com os estilos que predominaram na Europa do século XVII até o presente. A coleção art nouveau é especialmente interessante, com trabalhos de Horta, Gallé e Lalique. *Jan Breydelstraat 5 • Mapa P1 • 09 267 99 99 • http://design.museum.gent.be • Aberto 10h-18h ter-dom • Entrada paga*

Design Museum

7 STAM

O Abdij de Bijloke, um hospital e antigo convento cisterciense, proporciona um incrível ambiente para o STAM, o Museu da Cidade de Gent. Cobrindo desde a pré-história até o presente, o STAM incorporou grande quantidade de peças do antigo Bijloke Museum, com túmulos medievais, medalhas maçônicas e maquetes de navios de guerra. O convento data da Idade Média, mas a maioria de suas construções é do século XVII. *Godshuizenlaan 2 • Mapa P4 • 09 269 87 90 • www.stamgent.be • Aberto 10h-18h ter-dom • Entrada paga*

Gent e Carlos V

Carlos V (1500-58), imperador do Sacro Império Romano-Germânico e rei da Espanha, nasceu em Gent, e seu batismo na Sint-Baafskathedraal foi marcado por uma grande festa. Mas o caso de amor da cidade com seu famoso filho azedou quando Gent se viu onerada por impostos. Uma revolta em 1540 e a execução por enforcamento de seus líderes levaram os moradores a ficar conhecidos como *stroppendragers* (portadores de laço) – símbolo de seu espírito indômito.

8 Klein Begijnhof

Há três *béguinages* *(p. 86)* em Gent, mas esta é de longe a mais bonita. Suas casas caiadas, com frontões em degraus, dispostas em volta de um pequeno parque e de uma igreja barroca, são um clássico de seu tipo, reconhecido pela Unesco, que a elevou a patrimônio histórico mundial. Desde sua fundação, em cerca de 1235, para abrigar mulheres solteiras e viúvas das Cruzadas, esteve continuamente ocupada, mas as residentes não são mais *béguines*. A maior parte das casas atuais é do século XVII. *Lange Violettestraat 205 • Mapa R4 • Aberta 6h30-22h diariam • Grátis*

9 Het Huis van Alijn

Ao norte do centro de Gent encontra-se um bairro pitoresco chamado Patershol, labirinto de ruazinhas e vielas medievais. Este é o cenário de um dos melhores museus folclóricos da Bélgica (antes chamado Museum voor Volkskunde). Uma enorme e fascinante coleção de objetos – brinquedos, jogos, sapatos, pratos e xícaras, além de lojas e oficinas inteiras de artesãos – é exposta em antigos asilos para pobres em volta de um pátio gramado. Eles foram fundados em 1363 como hospital infantil – não como ato de filantropia pura, mas de penitência pelo assassinato de dois membros da família Alijn. *Kraanlei 65 • Mapa Q1 • 09 269 23 50 • Aberto 11h-17h ter-sáb, 10h-17h dom • Entrada paga*

10 Museum voor Schone Kunsten e SMAK

Os dois maiores museus de arte de Gent ficam a pouca distância do centro da cidade. O Museum voor Schone Kunsten (Museu de Belas-Artes) tem pinturas e esculturas da Idade Média até o início do século XX, além de uma coleção eclética, de primeira grandeza, de obras de vários artistas importantes, como Hieronymus Bosch, Rogier van der Weyden e Hugo van der Goes. Em frente ao MSK, e sob alguns aspectos opostos a ele, fica o Stedelijk Museum voor Acktuele Kunst (SMAK), a primorosa galeria de arte moderna de Gent. Seu instigante acervo permanente e suas exposições temporárias, que mudam sempre, situaram o SMAK no primeiro plano das galerias de arte moderna da Europa. *Citadelpark • Mapa Q6 • MSK: 09 240 07 00. www.mskgent.be; SMAK: 09 222 07 03. www.smak.be • Aberto 10h-18h ter-dom • Entrada paga*

Museum voor Schone Kunsten

Um Dia em Gent

Manhã

O **SMAK** e, quando abre, o **Museum voor Schone Kunsten** *(esq.)* formam uma boa atração dupla, misto instigante de belas-artes e pura provocação. Conheça-os pela manhã (observe que ficam fechados às segundas). Os bondes 1 e 10 vão do Korenmarkt, no centro a Charles de Kerchovelaan, de onde você pode caminhar pelo **Citadelpark** ou ao lado dele até chegar aos museus. O passeio vai levar a maior parte da manhã; você pode fazer uma pausa no café da SMAK. Para almoçar, retorne ao centro da cidade. O Korenmarkt situa-se a igual distância de duas sedutoras e contrastantes opções para almoçar: **The House of Eliott** *(p. 99)* e a medieval **Groot Vleeshuis** *(p. 98)*.

Tarde

Agora vá à **Sint-Baafskathedraal** para admirar o **Cordeiro Místico** *(pp. 26-7)*. Em seguida você poder subir o **Belfort** *(p. 95)* para ter uma vista de toda a cidade. Volte ao Korenmarkt, faça uma pausa na **Sint-Niklaaskerk** *(p. 95)*, e siga até **Graslei** e **Korenlei** *(p. 95)* para deleitar-se com a vista. Esse pode ser o momento para um passeio no canal. De Korenlei, ande pela Jan Breydelstraat e dobre a primeira à direita, entrando na Rekelige-straat, para chegar ao **Gravensteen**. Então atravesse o Zuivelbrug e siga pela Meerseniersstraat até o **Vrijdagmarkt**, para tomar uma cerveja no **Dulle Griet** *(p. 98)* e comer fritas com maionese no **Frituur Jozef** *(p. 99)*.

'**t Dreupelkot; Groot Vleeshuis**

TOP 10 Lojas, Cafés e Bares

1 Mageleinstraat e Koestraat

Gent tem a maior zona europeia exclusiva para pedestres, o que torna as compras aqui muito agradáveis. A maioria das lojas fica em Veldstraat e Lange Munt, mas as ruas Mageleinstraat e Koestraat são mais charmosas. *Mapa Q2*

2 Post Plaza

A antiga sede dos correios, neogótica, foi convertida em shopping de butiques de alto padrão. *Korenmarkt 16 • Mapa Q2*

3 t'Vosken

Interessante café preto e branco ao lado da catedral. A comida tradicional, estilo brasserie, serve cozido de coelho com ameixas. *St-Baafsplein 19 • Mapa Q2*

4 Dulle Griet

Uma das célebres "academias da cerveja" da Bélgica, serve 250 cervejas. Observe a cesta na qual você terá que deixar um sapato, a título de garantia, quando tomar a Kwak, cerveja servida num copo de alto valor. *Vrijdagmarkt 50 • Mapa Q1*

5 Pole Pole

Dinâmico cocktail bar (abre só à noite): um lado é mexicano, o outro, africano. A expressão africana *pole pole* significa "relaxe". *Lammerstraat 21 • Mapa Q3*

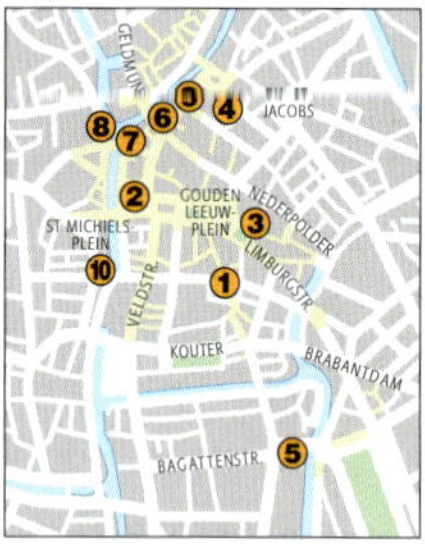

6 't Dreupelkot

Bar informal em frente ao canal, serve apenas jenever, um tipo de gim temperado com frutas, baunilha ou mesmo chocolate. *Groentenmarkt 12 • Mapa Q1*

7 Groot Vleeshuis

Comida flamenga – parte restaurante, parte rotisseria – em localização excelente: junto ao medieval Salão dos Açougueiros. *Groentenmarkt 7 • Mapa Q1 • 09 223 23 24 • Restaurante fechado seg • €*

8 Brooderie

O aroma de pão recém-saído do forno percorre este restaurante rústico que serve sanduíches e pratos vegetarianos leves. *Jan Breydelstraat 8 • Mapa P1 • Fechado seg • €*

9 Hot Club de Gand

É difícil de achar esta joia escondida no final de uma viela, em frente ao Salão dos Açougueiros, mas o jazz ao vivo na maioria das noites faz a procura valer a pena. *Groentenmarkt 15B • Mapa Q1 • 0486 74 07 99*

10 Het Brood-Huys

Café e salão de chá acolhedor, especializado em pães e doces integrais. *Jakobijnenstraat 12 • Mapa P2 • Fechado seg • €*

The House of Eliott

Categorias de Preço		
Refeição para uma pessoa com três pratos e meia garrafa de vinho (ou refeição equivalente), impostos e serviço.	€	até €30
	€€	€30-€40
	€€€	€40-€50
	€€€€	€50-€60
	€€€€€	acima de €60

TOP 10 Restaurantes

1 Belga Queen
O edifício do século XIII, a decoração sofisticada e a qualidade da comida, tudo contribui para o alto padrão deste restaurante contemporâneo. *Graslei 10 • Mapa P2 • 09 280 01 00 • €€€€*

2 Patyntje
A viagem a esta linda casa colonial que dá para o rio Leie vale a pena. Primorosa culinária franco-belga com toques orientais. *Gordunakaai 91 • 09 222 32 73 • €€€*

3 Brasserie Pakhuis
Comandado pelo famoso designer de restaurantes Antoine Pinto, o Pakhuis é muito frequentado – por isso, reserve antes! *Schuurkenstraat 4 • Mapa P2 • 09 223 55 55 • Fechado dom • €€€*

4 Keizershof
O prédio foi restaurado em estilo moderno e dinâmico, mas o restaurante ainda serve pratos belgas tradicionais. *Vrijdagmarkt 47 • Mapa Q1 • 09 223 44 46 • Fechado dom, seg • €€*

5 Korenlei Twee
Casa do século XVIII, ao lado do cais, serve refeições com ingredientes dos mercados locais de peixe e carne. Bom custo-benefício e ótimos vinhos. *Korenlei 2 • Mapa P2 • 09 224 00 73 • Fechado dom, seg • €€€€*

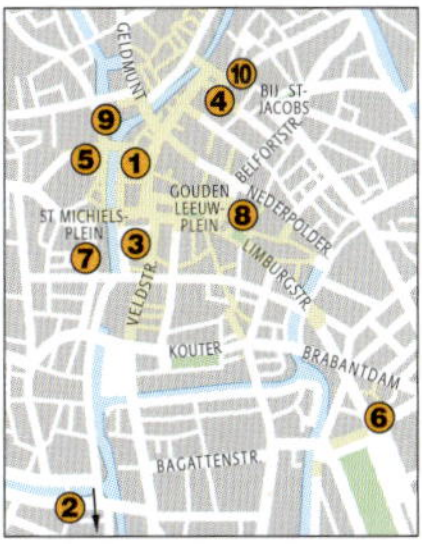

6 Eat@café
Todo preto, branco e cromado, e tão moderno quanto sugere seu nome. Drinques e refeições leves e benfeitas, com um toque de estilo. *Vlaanderenstraat 129 • Mapa R3 • 09 233 36 00 • €€*

7 Coeur d'Artichaut
Elegância discreta numa antiga mansão com pátio. Culinária internacional leve e saudável, feita com elevado padrão de excelência. *Onderbergen 6 • Mapa P2 • 09 225 33 18 • Fechado dom, seg • €€€€*

8 Brasserie De Foyer
Esta excelente brasserie ocupa um local surpreendente: o magnífico Koninklijke Nederlandse Schouwburg (teatro), do século XIX, com sacada e vista para a Sint-Baafskathedraal. Crepes e waffles à tarde, bufê de brunch aos domingos. *Sint-Baafsplein 17 • Mapa Q2 • 09 234 13 54 • Fechado seg, ter • €€€*

9 The House of Eliott
Alegre e excêntrico restaurante pseudoeduardiano com vista para o canal. *Jan Breydelstraat 36 • Mapa P1 • 09 225 21 28 • Fechado ter, qua • €€€€*

10 Frituur Jozef
Barraca de longa história que serve fritas perfeitas, com todos os acompanhamentos. *Vrijdagmarkt • Mapa Q1*

Veja mais sobre o prato clássico de Gent, o Waterzooi, na **p. 57**

Koninklijk Museum voor Schone Kunsten; Rubenshuis

Antuérpia

SITUADA À MARGEM DO LARGO RIO SCHELDE, *na entrada do mar do Norte, Antuérpia é uma das mais importantes cidades comerciais do norte da Europa, e no início do século XVII também era um dos maiores centros culturais. Mas já passou por muito sofrimento: fustigada pelas guerras religiosas do século XVI, seu acesso ao mar foi bloqueado entre 1648 e 1795 por um tratado com a Holanda; também foi bombardeada na Segunda Guerra. Os altos e baixos a dotaram de garra e brilho, e essa energia dinâmica é visível hoje nos bares, restaurantes e boates da moda.*

TOP 10 Destaques

1. Grote Markt
2. Onze-Lieve-Vrouwekathedraal
3. Rubenshuis
4. Koninklijk Museum voor Schone Kunsten
5. MAS (Museum Aan de Stroom)
6. Museum Plantin-Moretus
7. Vleeshuis
8. Sint-Jacobskerk
9. Rockoxhuis
10. Museum Mayer van den Bergh

Estátua de Brabo, Grote Markt

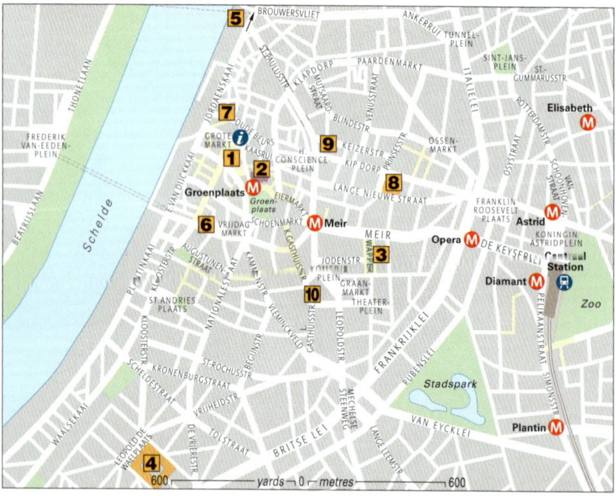

Nas páginas anteriores, **seleção de pralinas belgas**

Grote Markt

1 Grote Markt

A praça principal de Antuérpia é uma das grandes arenas da Bélgica. As autoridades aproveitaram bem sua inclinação e formato incomuns, contratando o escultor Jef Lambeaux (1852-1908) para criar uma fonte original, colocada fora do centro da praça, com água caindo diretamente sobre os paralelepípedos. Ela mostra Brabo, lendário soldado romano que teria libertado o porto de Antuérpia, derrotando o gigante Druon Antigoon e atirando sua mão decepada no rio. A Stadhuis (sede da prefeitura) domina a praça. Erguida nos anos 1560, tem as linhas horizontais contrabalançadas pela curva ascendente dos cantos do telhado. *Mapa T1 • Stadhuis: apenas visitas guiadas (informe-se no centro de informação turística, Grote Markt 13) • Entrada paga*

2 Onze-Lieve--Vrouwekathedraal

Esta imponente catedral gótica contém várias obras esplêndidas de Rubens *(pp. 28-9)*.

3 Rubenshuis

Oportunidade rara não apenas de conhecer a casa e o ateliê de um dos maiores nomes da arte europeia, mas também de ver como era uma residência nobre do século XVII *(pp. 30-1)*.

4 Koninklijk Museum voor Schone Kunsten

O museu de belas--artes de Antuérpia tem uma série completa de telas que vão desde os "primitivos" flamengos, como Jan van Eyck, Rogier van der Weyden e Hans Memling, até os simbolistas James Ensor e Rik Wouters. O maior destaque é dado a Rubens, Jordaens e Van Dyck. A coleção ocupa uma mansão neoclássica que fica a curta distância de bonde do centro da cidade. Está em reforma até 2014, mas algumas seções permanecerão abertas *Leopold De Waelplaats • Mapa S3 • 03 238 78 09 • Aberto 10h-17h ter-sáb, 10h-18h dom. Fechado feriados • Entr. paga (grátis na última qua do mês)*

5 MAS (Museum Aan de Stroom)

Este museu à beira-rio concentra--se na história de Antuérpia como grande porto comercial. Inclui também magníficas coleções dos antigos Museu Etnográfico e Museu Marítimo Nacional. *Hanzestedenplaats 1 • Mapa U1 • 03 206 09 40 • www.mas.be • Aberto 10h-17h ter-dom. Fechado feriados • Entrada paga*

MAS (Museum Aan de Stroom)

Veja mais sobre as informações turísticas de Antuérpia em www.visitantwerpen.be

Museum Plantin-Moretus

6 Museum Plantin-Moretus

Christopher Plantin (*c.* 1520-89) foi um encadernador de livros francês que veio a Antuérpia em 1546 para fundar sua própria oficina de impressão. No final do Renascimento ela se tornou uma das editoras mais influentes da Europa, produzindo Bíblias, mapas, livros científicos, entre outros. O museu consiste essencialmente na oficina gráfica e na residência de Plantin e de seus herdeiros. Expõe uma grande coleção de livros raros e preciosos, com ilustrações. São explicados os processos de composição dos tipos de metal fundido e de impressão tipográfica. Plantin deu nome a uma fonte de letras largamente usada até hoje. *Vrijdagmarkt 22 • Mapa T2 • 03 221 14 50 • Aberto 10h-17h30 ter-dom. Fechado seg e feriados • Entrada paga (grátis última qua do mês)*

O Rio Schelde

A velha Antuérpia fica na margem direita do rio Schelde. O rio é tão largo que o moderno subúrbio, na margem esquerda, parece muito distante. O Schelde é suficientemente profundo para levar grandes navios às docas, no norte da cidade. O fácil acesso ao mar do Norte fez de Antuérpia o segundo maior porto da Europa.

7 Vleeshuis

Com seus torreões, torres e seus detalhes góticos, a Casa da Carne é um dos mais bonitos e curiosos edifícios da cidade de Antuérpia. Construído em 1501-4 para sediar a Guilda dos Açougueiros e uma feira de carnes, hoje abriga o museu da música. De cantores de rua a música erudita, a Vleeshuis mapeia a cidade por meio de suas muitas formas de expressão, usando instrumentos históricos, inclusive as espinetas fabricadas pela família Ruckers, manuscritos e uma fundição de sinos. *Vleeshouwersstraat 38-40 • Mapa T1 • 03 292 61 00 • Aberto 10h-17h ter-dom • Entrada paga (grátis última qua do mês)*

Vleeshuis

8 Sint-Jacobskerk

De todas as igrejas de Antuérpia, a de São Tiago é notável pela opulenta decoração, e também por abrigar o túmulo do pintor Rubens. Foi construída em estilo gótico tardio entre os séculos XV e XVI por arquitetos que também trabalharam nas obras da catedral. A igreja contém trabalhos de grandes escultores do século XVII, a exemplo de Lucas Faydherbe, Artus Quellinus e Hendrik

Verbruggen, além de pinturas de Rubens, Jordaens e Van Dyck. *Lange Nieuwstraat 73-75 • Mapa U2 • 02 232 10 32 • Aberta abr-out 14h-17h diariam • Entrada paga*

9 Rockoxhuis

A visita à Rockoxhuis permite conhecer a graça e a elegância do estilo aristocrático do século XVII. Várias salas apresentam bela coleção de mobília, pinturas e artefatos. A casa tem o nome de seu dono, o prefeito de Antuérpia Nicholas Rockox (1560-1640), filantropo e amigo e patrono de Rubens. Há pinturas e desenhos de Rubens, Jordaens e Van Dyck, além de um trabalho de Frans Snyders (1579-1657), que vivia na casa ao lado. *Keizerstraat 12 • Mapa U1 • 03 201 92 50 • Aberta 10h-17h ter-dom • Entrada paga (grátis última qua do mês)*

10 Museum Mayer van den Bergh

Fritz Mayer van den Bergh (1858-91) foi um colecionador de arte e curiosidades. Quando morreu, sua mãe criou um museu para expor suas coleções – cerca de 5 mil objetos, como tapeçarias, mobília, artigos de marfim, vitrais, pinturas e moedas. *Lange Gasthuisstraat 19 • Mapa T2 • 03 232 42 37 • Aberto 10h-17h ter-dom • Entrada paga (grátis última qua do mês)*

Museum Mayer van den Bergh

Um Dia em Antuérpia

Manhã

Este dia de perambulação calma abrange muitas das atrações-chave de Antuérpia e algumas de suas melhores ruas comerciais. Comece pela **Vleeshuis** e parta para o centro antigo: a **Grote Markt** *(p. 103)* e a **catedral** *(pp. 28-9)*. Agora ande até a Wijngaardstraat e o atraente conjunto do **Sint-Carolus Borromeuskerk** *(p. 106)*, antes de partir para a **Rockoxhuis** *(esq.)*, na Keizerstraat. Depois, ande na direção sul pela Katelijnevest até o **Meir**. O edifício à direita, com um KBC estampado no alto, é o **Boerentoren**, o mais alto da Europa quando foi construído, em 1932. Desça o Meir até a **Rubenshuis** *(pp. 30-1)*; você pode almoçar ali mesmo ou, se preferir, no **Grand Café Horta** *(p. 108)*.

Tarde

Agora que você já se dedicou à cultura, poderá percorrer as ruas comerciais da região *(p. 107)*. A Schuttershofstraat é um excelente lugar para começar. Ela conduz à Huidevettersstraat, à Nieuwe Gaanderij Arcade, à Korte Gasthuisstraat e ao Lombardenvest. Se estiver animado para conhecer mais museus, o excelente **Museum Mayer van den Bergh** *(esq.)* e a **Maagdenhuis** *(p. 106)* localizam-se logo ao sul. Outra possibilidade é andar até a Nationalestraat e a loja de Dries van Noten, a bela **Modepaleis** *(p. 107)*, e então descer até o **Pier 19** *(p. 108)* ou o **De Vagant** *(p. 109)*.

Sint-Carolus Borromeuskerk; Lapidação de diamantes no Diamantmuseum

TOP 10 Outras Atrações

1 Middelheim Museum

Ao sul do centro da cidade, este parque de esculturas oferece uma alternativa agradável às galerias de arte tradicionais. Entre as 200 peças expostas, há trabalhos de Auguste Rodin e de artistas belgas contemporâneos. *Middelheimlaan 61 • 03 827 15 34 • www.middelheimmuseum.be • Aberto 10h-17h ter-dom (19h abr e set; 20h mai e ago; 21h jun e jul) • Grátis*

2 Diamantmuseum

Mapeia o percurso dos diamantes, da mina à tiara. *Koningin Astridplein 19-23 • Mapa V2 • 03 202 48 90 • www.diamantmuseum.be • Aberto 10h-17h30 qui-ter. Fechado jan • Entrada paga*

3 Museum voor Fotografie

O excelente museu de fotografia e artefatos históricos de Antuérpia contém também o museu de cinema do MUHKA *(abaixo)*, que exibe filmes clássicos internacionais. *Waalsekaai 47 • Mapa S3 • 03 242 93 00 • www.fotomuseum.be*

4 MUHKA

Antigo armazém que abriga o dinâmico e vanguardista Museum voor Hedendaagse Kunst (arte contemporânea). *Leuvenstraat 32 • Mapa S3 • 03 260 99 99 • www.muhka.be • Aberto 11h-18h ter-dom (10h-21h qui). Fechado feriados • Entrada paga*

5 Sint-Pauluskerk

Gótico e barroco disputam espaço nesta simpática igreja. *Veemarkt 14 • Mapa T1 • 03 232 32 67 • Aberta 1º abr-31 out: 14h-17h diariam*

6 Sint-Carolus Borromeuskerk

Igreja famosa por sua fachada barroca e a trágica perda de 39 pinturas de Rubens. *Hendrik Conscienceplein • Mapa T1 • 03 231 37 51 • Aberta 10h-12h30 e 14h-17h seg-sáb; missas dom*

7 Centraal Station

O arquiteto Louis Delacenserie criou esta grande estação neoclássica em 1905. *Mapa V2*

8 Cogels-Osylei

No final do século XIX, esta área tornou-se uma opulenta vitrine de arquitetura. Imperdível.

9 Maagdenhuis

Museu original em um antigo orfanato. *Lange Gasthuisstraat 33 • Mapa T3 • 03 223 56 20 • Aberto 10h-17h seg, qua-sex, 13h-17h sáb e dom. Fechado feriados • Entrada paga*

10 ModeMuseum (MoMu)

Museu de alta-costura. *Nationalestraat 28 • Mapa T2 • 03 470 27 70 • www.momu.be • Aberto 10h-18h ter-dom (21h 1ª qui do mês) • Entrada paga*

Het Modepaleis; Walter

TOP 10 Compras

1 Meir
A principal rua comercial é uma larga avenida para pedestres, onde há as redes de lojas. *Mapa U2*

2 Pelikaanstraat
Lojas de diamantes e joias lado a lado no bairro judeu. Fascinante, em parte pela falta de romantismo, já que os diamantes são tratados como como qualquer outro produto. *Mapa V2*

3 Nieuwe Gaanderij Arcade
Bom lugar para ver moda a preços um pouco mais acessíveis que nas butiques de grife. *Entre Huidevettersstraat e Korte Gasthuisstraat • Mapa T2*

4 Galeria Comercial Grand Bazar
Moderna e elegante galeria comercial que divide espaço com o hotel Hilton no local de uma antiga loja de departamentos. *Groenplaats • Mapa T2*

5 Korte Gasthuisstraat e Lombardenvest
Coração de uma área para pedestres com atraentes lojas especializadas de todos os tipos de artigos. *Mapa T2*

6 Schuttershofstraat
Outra rua de sofisticadas butiques e lojas de calçados, incluindo uma filial da Delvaux, o melhor fabricante de acessórios da Bélgica. Sinta o cheiro desse couro! *Mapa U3*

7 Het Modepaleis
Este elegante edifício belle époque "ferro de engomar" é a principal loja de um dos mais festejados estilistas de Antuérpia, Dries van Noten. *Nationalestraat 16 • Mapa T2*

8 Walter
Mais parecido com galeria de arte do que com loja de roupas, o espaço expõe o trabalho do estilista Walter van Bierendonck, além de outras grifes seletas. *Sint-Antoniusstraat 12 • Mapa T2*

9 Ann Demeulemeester
A um passo da galeria de arte moderna MUHKA, a loja de Demeulemeester exibe o vanguardismo intransigente que a situou entre os primeiros nomes no ranking da moda. *Leopold de Waelplaats/ Verlatstraat • Mapa S3*

10 Louis
A famosa butique vende criações dos maiores nomes. *Lombardenstraat 2 • Mapa T2*

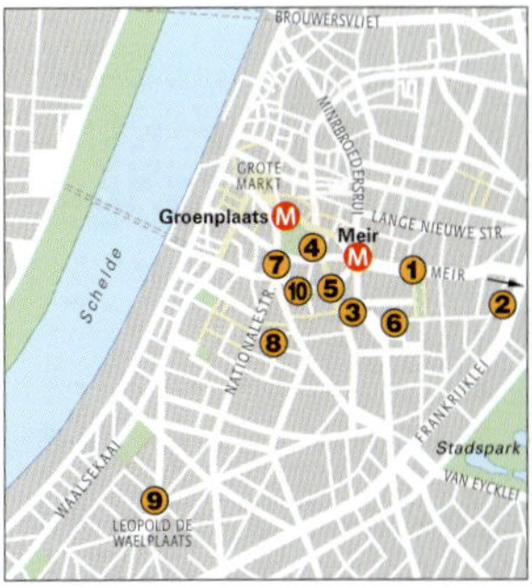

P. Preud'Homme

Categorias de Preço

Refeição para uma pessoa com três pratos e meia garafa de vinho (ou refeição equivalente), impostos e serviço.	€	até € 30
	€€	€30-€40
	€€€	€40-€50
	€€€€	€50-€60
	€€€€€	acima de €60

TOP 10 Cafés e Restaurantes

1 Gin-Fish
No local do antigo restaurante de peixe De Matelote, o Gin-Fish oferece cardápio fixo de três pratos, sem opções. *Haarstraat 9 • Mapa T2 • 03 231 32 07 • Fechado almoço • €€€€€*

2 P. Preud'Homme
Em meio ao esplendor dourado, clientes atendidos com esmero se banqueteiam com lagosta, carnes de caça e outras delícias sazonais. *Suikerrui 28 • Mapa T1 • 03 233 42 00 • Fechado ter • €€€€*

3 Le Docks Café
Interior criativo e diversificado do célebre designer Antoine Pinto. Escolha entre aperitivos com ostras ou pratos completos franco-italianos. *Jordaenskaai 7 • Mapa T1 • 03 226 63 30 • Fechado dom • €€€*

4 Zuiderterras
Este edifício, ponto de referência à margem do rio Schelde, abriga uma elegante brasserie de alto padrão. *Ernest van Dijckkaai 37 • Mapa T2 • 03 234 12 75 • €€€*

5 Pier 19
Armazém reformado na área das docas no norte da cidade. Tem um clube (DJs qui-sáb); serve almoço e jantar. *Brouwersvliet 19 • Mapa T1 • 0474 03 81 86 • Fechado dom • €€€*

6 Het Vermoeide Model
Este restaurante-brasserie cria um clima íntimo com vigas de madeira medievais e música de piano ao vivo. *Lijnwaadmarkt 2 • Mapa T2 • 03 233 52 61 • Fechado seg • €€€*

7 Rooden Hoed
É o restaurante mais antigo de Antuérpia, tão central que de seu terraço ouve-se o órgão da catedral. *Oude Koornmarkt 25 • Mapa T2 • 03 233 28 44 • €€€*

8 Grand Café Horta
Espaço criado com metal resgatado da Volkshuis, edifício art nouveau de Victor Horta demolido em 1965. *Hopland 2 • Mapa U2 • 03 232 28 15 • €€€*

9 Dôme Sur Mer
Janelas do piso ao teto e bar de mármore criam um ambiente impressionante neste restaurante de frutos do mar muito frequentado no Zurenborg. *Arendstraat 1 • Mapa V3 • 03 281 74 33 • €€€€*

10 Brasserie Appelmans
Jante em estilo de brasserie num edifício do século XII, saboreando clássicos pratos belgas preparados com ingredientes locais. *Papenstraatje 1 • Mapa T2 • 03 226 20 22 • €€€*

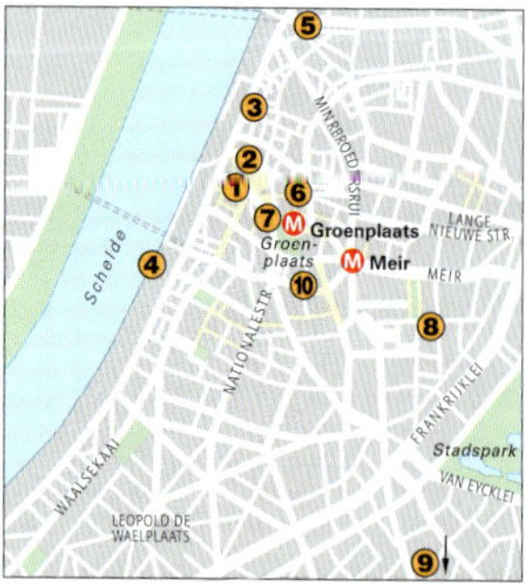

Het Elfde Gebod; Den Engel

TOP 10 Bares e Clubes

1 Café d'Anvers

House, soul, disco e funk em uma antiga igreja do bairro da prostituição. A mais conhecida discoteca da cidade. *Verversrui 15 • Mapa T1 • 03 226 3870*

2 Stereo Six

Descolado clube que recebe DJs internacionais e talentos de todo o país. *Luikstraat 6 • Mapa S3*

3 Cafe Local

Glamoroso conjunto de áreas temáticas em estilo latino--americano: mercado cubano, rua comercial, pista de dança. Nas noites de sábado há salsa, e em datas anunciadas, "fiestas" latino-americanas. *Waalsekaai 25 • Mapa S3 • 003 238 50 04*

4 Red and Blue

Este é um clube só para homens aos sábados. Pode-se preencher a ficha de associação na portaria. *Lange Schipperskapelstraat • Mapa T1 • 03 213 05 55*

5 Het Elfde Gebod

O nome significa "O 11º Mandamento", e as paredes do bar são repletas de ícones religiosos espalhafatosos. Escada para o céu. *Torfbrug 10 • Mapa T1*

6 Hopper

Este bar de jazz é muito popular entre os criativos da cidade. O drinque de destaque é o demi-demi. *Leopold De Waelstraat 2 • Mapa S3 • 03 248 49 33*

7 Sips

Cocktail bar chique na zona boêmia das docas, ao sul do centro. Os charutos são uma especialidade. *Gillisplaats 8*

8 Den Engel

Clássico *bruine kroeg* belga (pub marrom) que dá para a Grote Markt. Saboreie um bolleke (copo) de De Koninck, a cerveja própria e querida de Antuérpia. *Grote Markt 3 • Mapa T1*

9 De Muze

Pub acolhedor com jazz ao vivo até 2h ou 3h na maioria das noites. Vigas de madeira expostas e tijolinhos aparentes criam um ambiente aconchegante. *Melkmarkt 15 • Mapa T2 • 03 226 01 26*

10 De Vagant

Café-bar acolhedor, serve cerca de 200 tipos de jenever (genebra, ou gim). O restaurante do andar de cima é especializado em pratos à base da bebida. *Reyndersstraat 25 • Mapa T2 • 03 233 15 38*

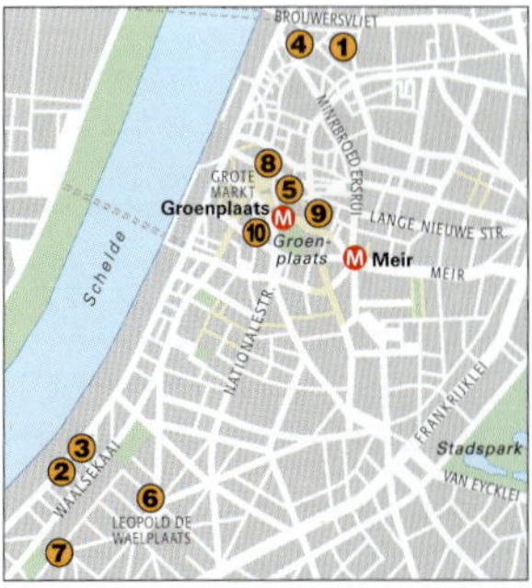

LE GRAIN
DE SABLE

TOP 10 BRUXELAS, BRUGES, GENT E ANTUÉRPIA

DICAS DE VIAGEM

Acessando informações num cibercafé; Placa de informação turística

TOP 10 Informações Práticas

1 Escolha Sua Cidade

Bruxelas, Bruges, Gent ou Antuérpia? Todas têm atrações históricas, galerias de arte, bons hotéis, restaurantes e compras agradáveis. Mas cada uma é diferente. Bruxelas: capital vibrante. Bruges: maravilha medieval. Gent: respeitável cidade universitária. Antuérpia: centro comercial. Leia a introdução a cada cidade *(pp. 66-9, 76-9, 84-7, 94-7* e *102-5)* e veja qual a inspira mais.

2 Línguas

Os moradores de Bruges, Gent e Antuérpia falam holandês; em Bruxelas fala-se francês ou holandês (ou o antigo dialeto híbrido, o *bruxellois*, ou bruxelês). O inglês é amplamente compreendido. Há uma terceira língua semioficial, o alemão, nos cantões orientais.

3 Representações Diplomáticas da Bélgica no Brasil

• Em Brasília:
SES – Avenida das Nações, lote 32, qd 809, 70422-900, Brasília, DF (61) 3443 1133
brasilia@diplobel.org

• Em São Paulo:
Avenida Paulista, 2073, Ed. Horsa I, cj. 1303/1310
01311-940, São Paulo, SP
(11) 3145 7500
saopaulo@diplobel.fed.be

• No Rio de Janeiro:
Rua Lauro Müller, 116, sala 602, Torre Rio Sul, 22290-160, Rio de Janeiro, RJ
(21) 2543 8558
riodejaneiro@diplobel.fed.be

4 Escritórios de Informação Turística nas Cidades

Cada cidade tem seu escritório de turismo *(ver quadro)*, que fornece informações locais detalhadas e assistência para reserva de hotéis.

5 Internet

Os escritórios de turismo têm sites úteis *(ver quadro)* que dão informações sobre as principais atrações, os eventos, restaurantes e hotéis, assim como oferecem mapas e outros links.

6 Clima

O clima na Bélgica é típico do norte da Europa: uma combinação de sol e chuva distribuídos pelas quatro estações. As temperaturas médias sazonais variam de 1°C no inverno a 19°C no verão.

7 O Que Levar na Bagagem

Com relação às roupas, preveja o pior em matéria de clima, e você estará garantido. Leve calçados confortáveis – você vai andar muito.

8 Fuso Horário

A Bélgica está no fuso da Europa Central, ou seja, uma hora adiante do GMT. O país segue o Daylight Saving Time, portanto o fuso permanece uma hora adiante do da Grã-Bretanha e quatro à frente do fuso do Brasil durante o ano todo.

9 Eletricidade e Tomadas

A Bélgica usa 220 volts e corrente alternada, com tomadas de dois pinos. Visitantes brasileiros precisarão de transformador e adaptador de tomada.

10 Feriados

Ano-Novo; seg após o dom de Páscoa; Dia do Trabalho (1º de Maio); Ascensão de Cristo (6ª qui após a Páscoa); seg após o dom de Pentecostes; Festival da Comunidade Flamenga (11 jul, apenas em Flandres); Dia da Independência (21 jul); Assunção (15 ago); Dia de Todos-os-Santos (1º nov); Dia do Armistício (11 nov); Natal. Bancos e correios fecham.

Escritórios de Turismo

Bruxelas
Hôtel de Ville, Grand Place • Mapa C3
• 02 513 89 40
• www.visitbrussels.be

Bruges
Concertgebouw, 'T Zand 34 • Mapa J5
• 050 44 46 46
• www.brugge.be

Gent
Belfort, St-Baafsplein
• Mapa Q2
• 09 266 56 60
• www.visitgent.be

Antuérpia
Grote Markt 13
• Mapa T1 • 03 232 01 03 • http://visit antwerpen.be

Check-in; Trens na Gare du Midi, Bruxelas

TOP 10 Como Chegar

1 Vistos e Exigências para Entrada

Para entrar na Bélgica é preciso passaporte válido por no mínimo três meses além de sua estadia. Cidadãos da UE, dos EUA, da Austrália e da Nova Zelândia não precisam de visto para estadias de até 90 dias. O mesmo vale para os brasileiros. Cidadãos de outros países devem consultar a embaixada da Bélgica para mais informações.

2 Alfândega e Artigos Isentos

A maioria dos artigos pode ser transportada entre países da UE, inclusive vinhos, destilados e cigarros, desde que para uso pessoal e em quantidades compatíveis. Para cidadãos de fora da UE valem os limites nacionais.

3 De Avião

A maioria dos voos internacionais chega ao Aeroporto Zaventem, 14km a noroeste de Bruxelas. Há trens de Bruxelas para Bruges, Gent e Antuérpia. Algumas linhas aéreas chegam a Charleroi, 40km ao sul da cidade. Há pequenos aeroportos em Antuérpia e Ostende.

4 Aeroporto de Zaventem

Saindo do Aeroporto de Zaventem, você pode chegar ao centro de Bruxelas de táxi ou trem. Um serviço de ônibus (linha do aeroporto) liga o aeroporto ao Bairro Europeu de Bruxelas.

5 De Trem

O núcleo central da rede ferroviária belga é Bruxelas, que tem três estações principais: a Gare du Midi (Zuidstation), a Gare Centrale (Centraal Station) e a Gare du Nord (Noordstation). Trens Eurostar de Londres (além do TGV internacional e trens Thalys) chegam à Gare du Midi. Há boas conexões ferroviárias com Bruges, Gent e Antuérpia (para viagens de continuação, *p. 114*).

6 Gare du Midi, em Bruxelas

A estação tem conexões de ônibus, bonde, metrô e táxi com todas as partes de Bruxelas, mas a sinalização por imagens é praticamente indecifrável; você poderá precisar de ajuda só para sair da estação! Peça ajuda no escritório de turismo no salão Eurostar/Thalys. *Mapa A5*

7 De Carro

Para entrar de carro na Bélgica, você deve levar uma carteira de motorista válida na UE ou a carteira de motorista internacional, além dos documentos de seguro e propriedade do veículo. Também deverá ter triângulo, kit de primeiros socorros e colete refletor. Você vai dirigir do lado direito, portanto ajuste seus faróis se estiver vindo da Grã-Bretanha, para não incomodar motoristas que estejam trafegando no sentido contrário.

8 Autoestradas Gratuitas

Todas as rodovias belgas são livres de pedágio. Quase todas são bem iluminadas à noite.

9 Travessia do Canal da Mancha

Quem vem da Grã-Bretanha pode cruzar o canal de ferryboat ou pelo Túnel do Canal *(quadro abaixo)*.

10 De Ônibus

A Eurolines opera um serviço regular de Londres para Bruxelas, Antuérpia, Gent e (no verão) Bruges. Também há linhas entre as cidades do norte da Grã-Bretanha com a travessia de ferryboat Hull-Zeebrugge.

Operadoras da Travessia do Canal na Grã-Bretanha

P&O Ferries
0871 664 21 21
• *www.poferries.com*

Sea France
0871 423 71 19
• *www.seafrance.com*

Norfolkline
0871 574 72 35
• *www.norfolkline.com*

Eurotunnel
0844 335 35 35
• *www.eurotunnel.com*

Eurostar
08432 186 186
• *www.eurostar.com*

Eurolines
08717 81 81 81
• *www.eurolines.co.uk*

Táxis num ponto; Há bicicletas para alugar em toda a Bélgica

TOP 10 Como Circular

1 Distâncias entre Cidades

A Bélgica é um país pequeno – pouco maior que o estado de Alagoas –, e estas quatro cidades ficam no norte. Bruxelas é a que se situa mais ao sul. Antuérpia está 45km ao norte de Bruxelas; Gent se situa a oeste, a 50km tanto de Bruxelas como de Antuérpia; e Bruges, 40km a noroeste de Gent.

2 De Trem

O excelente serviço ferroviário nacional belga, chamado SNCB em francês e NMBS em holandês, é limpo, pontual, eficiente e com preços razoáveis. Serviços regulares interligam as quatro cidades. O site informa horários e preços dos bilhetes. *www.b-rail.be*

3 De Carro

No passado, os motoristas belgas tinham má fama – os exames práticos de direção só começaram nos anos 1960. Hoje em dia não são piores do que outros motoristas europeus; erros como dirigir perto demais dos outros carros na rodovia *(p. 121)* são universais. Nas cidades, tenha cuidado com os bondes, que competem por espaço na rua. Veja também a nota sobre a *priorité à droite* (prioridade à direita) na *p. 121*.

4 Estacionamento

Não falta lugar para estacionar em todas as cidades e seus arredores. O melhor sistema é utilizar um dos estacionamentos públicos, que são bem sinalizados e não muito caros. O centro das cidades fica congestionado nos horários de pico, e os espaços para estacionar ali são limitados. Em Bruges e Gent, especialmente, os visitantes são convidados a utilizar estacionamentos fora do centro.

5 Aluguel de Carros

Todas as maiores agências de locação de veículos operam na Bélgica. Normalmente você conseguirá preços melhores se reservar um carro no seu país de origem, vinculando-o à passagem aérea. Observe que todas as cidades são compactas; você não vai precisar realmente de carro a não ser para fazer turismo fora do raio urbano ou para viajar de uma cidade a outra.

6 Táxis

Os táxis ficam em pontos ou podem ser reservados por telefone. Em Bruxelas, podem ser parados na rua, mas nas outras três cidades, geralmente não. São bem mais caros que o transporte público. É costume dar gorjeta de 10%.

7 Transporte Urbano

Os principais sistemas de transporte são ônibus e bondes; Bruxelas também tem metrô, e Antuérpia dispõe de um sistema de bondes subterrâneos chamado Premetro. Acione os botões nos bondes e ônibus para indicar que pretende descer no próximo ponto e para abrir as portas. O transporte público em Bruxelas é operado pela STIB (ou MIVB); em outras cidades, a operadora é a De Lijn. *www.stib.be; www.delijn.be*

8 Compra de Bilhetes

Os bilhetes para o transporte público valem em ônibus, bondes e no metrô. Bilhetes para uma viagem, cartões para dez viagens ou passes para um dia podem ser adquiridos nos guichês de passagens ou nas estações. Bilhetes para um trajeto apenas também podem ser comprados com o motorista. Ao iniciar uma viagem, você deve validar o bilhete na máquina laranja, no ônibus ou bonde, ou ao entrar na estação do metrô; ele então poderá ser usado por uma hora, incluindo baldeações.

9 De Bicicleta

Os belgas são ávidos ciclistas, mas não é comum encontrar ciclovias. É possível alugar bicicletas e equipamentos em todas as cidades. Os escritórios de turismo das cidades *(p. 112)* podem fornecer mais detalhes.

10 A Pé

Este é o melhor método de circular. Em todas as cidades, a maioria das atrações fica próxima ao centro. Leve calçados impermeáveis para caminhada.

Ruas de paralelepípedos dificultam o acesso; Placa de acesso para portadores de deficiência

TOP 10 Portadores de Deficiência

1 Antes de Partir
Cidades históricas como Bruxelas, Bruges, Gent e Antuérpia se desenvolveram durante séculos sem dar muita atenção às necessidades dos portadores de deficiência. Embora as atitudes estejam mudando, a adaptação do ambiente levará tempo. As autoridades compilam informações para ajudar esses portadores, mas ainda há grandes falhas. Por isso é importante fazer uma pesquisa antes de viajar.

2 Organizações
Entre as entidades que dão orientação a viajantes portadores de deficiência física estão a Youreable.com, a RADAR (Royal Association for Disability and Rehabilitation), a Mobility International e a SATH (Society for Accessible Travel and Hospitality). Todas os sites em inglês. ✆ *www.youreable.com* • *www.radar.org.uk* • *www.miusa.org* • *www.sath.org*

3 Informações
Os escritórios de turismo das cidades informam sobre banheiros com acesso para cadeiras de rodas e instalações para portadores de deficiência em quartos de hotel, mas esses dados não são publicados de forma agrupada nos sites, portanto telefone ou mande e-mail aos escritórios *(p. 112)* para ver o que eles podem oferecer. Infelizmente, não há ainda na Bélgica uma organização central que trabalhe com informações para viajantes portadores de deficiência.

4 Empresas de Turismo
Embora sejam poucas, já existem no Brasil algumas operadoras de turismo que atendem a pessoas portadoras de necessidades especiais. Faça uma pesquisa na internet.

5 Atitudes Locais
Os belgas são muito atentos às necessidades de viajantes portadores de deficiência. Se você precisar, eles normalmente não hesitarão em ajudá-lo. Isso compensa até certo ponto a falta de rampas, banheiros adaptados, portas largas e outras facilidades.

6 Degraus e Paralelepípedos
Muitas das atrações principais ficam em áreas históricas das cidades, com difícil acesso para deficientes. Algumas foram adaptadas, mas outras não oferecem condições para tanto. Bruges, especialmente, nunca poderá adaptar totalmente suas escadarias em espiral, calçadas estreitas e ruas com paralelepípedos.

7 Museus e Galerias
A maioria dos principais museus tem instalações adequadas para portadores de deficiência, como entradas largas, rampas, elevadores e banheiros adaptados. Os funcionários normalmente são prestativos. Na dúvida quanto à acessibilidade, telefone antes de visitar.

8 Transporte Público
Os sistemas de ônibus, bondes e metrô e as estações de trem geralmente são pouco adaptados para os portadores de deficiência, embora alguns bondes mais novos tenham acesso para cadeirantes. Os escritórios de turismo podem informar sobre opções alternativas, como serviços especiais de táxi. O sistema ferroviário belga tem páginas com informações em seu site. ✆ *www.b-rail.be*

9 Hospedagem
Muitos hotéis modernos ou recém-restaurados têm um ou mais quartos com equipamentos especiais para portadores de deficiência. Eles são indicados nos folhetos dos escritórios de turismo ou nos sites dos hotéis.

10 Restaurantes
Embora os restaurantes venham sendo pressionados a melhorar o atendimento, ainda são poucos os que oferecem acesso total a portadores de deficiência. O símbolo da cadeira de rodas em um folheto turístico é aberto a interpretações diversas quando se trata de acessibilidade.

Passeio em barco no canal; Carruagem com cavalo

TOP 10 Passeios Especiais

1 Pacotes Turísticos
Operadoras de turismo que organizam transportes e hospedagem costumam oferecer significativas vantagens de custo. Uma operadora confiável pode ter uma boa opção de hotéis e assistência de mensageiros no local. Para viagens especializadas, o mais indicado é pesquisar na internet.

2 Viagens Culturais e de Arte
Na Europa há vários roteiros especializados no patrimônio artístico da Bélgica. A agência inglesa Voyages Jules Verne oferece excursões guiadas para estudar as obras-primas flamengas de Bruges, enquanto a Cox & Kings organiza os roteiros Do Barroco ao Art Nouveau e Cidades Históricas da Bélgica. No Brasil, a Latitudes faz roteiros sob medida, guiados por especialistas em arte.

3 Gastronomia e Cerveja
Informe-se nos escritórios de turismo *(p. 112)* sobre as excursões gastronômicas. Algumas agências oferecem passeios centrados nas cervejas ou nos chocolates belgas.

4 Passeios pelos Campos de Batalha
Ypres *(p. 63)* é o objetivo de muitas visitas guiadas a campos de batalha, trincheiras, cemitérios e memoriais da Primeira Guerra Mundial. Operadoras de turismo especializadas organizam viagens completas, inclusive com transporte e hospedagem. Há também visitas guiadas de um dia ou viagens especializadas a Waterloo *(p. 62)*.

5 Passeios Guiados pelas Cidades
Os escritórios de turismo locais *(p. 112)* organizam caminhadas regulares com guia pelo centro das quatro cidades.

6 Passeios de Ônibus pelas Cidades
Há ônibus – alguns com fones de ouvido multilíngues – que percorrem todas as atrações. Esse é um meio muito eficiente para ter rápida visão geral da cidade.

7 Barcos nos Canais
Apesar de ficarem no interior, tanto Bruges quanto Gent foram no passado portos movimentados devido aos seus canais – ou melhor, seus rios canalizados. Hoje os passeios nos canais são um meio muito apreciado de visitar as cidades. Barcos de turismo partem de vários pontos do centro. Você também pode fazer passeios no canal de Bruxelas, que é o mais industrializado.

8 Carruagens
É possível visitar o centro das quatro cidades em carruagens ou bondes puxados por cavalos. Esse meio de transporte é particularmente popular em Bruges. Embora seja cara e de curta duração, a experiência é inesquecível.

9 Guias Particulares
Os escritórios de turismo belgas podem providenciar guias particulares para lhe mostrar a cidade ou levá-lo para conhecer um aspecto característico dela. Em sua maioria, esses cicerones pertencem a uma associação de guias profissionais.

10 Caminhadas e Passeios Temáticos
As caminhadas e os passeios de carro com guias cobrem uma ampla gama de temas, entre os quais história judaica, arquitetura industrial e cerveja. A ARAU, em Bruxelas, promove vários passeios com foco no estilo arquitetônico art nouveau.

Operadoras de Viagens e Passeios Especializados

Voyages Jules Verne
www.vjv.co.uk

Cox & Kings
www.coxandkings.co.uk

Martin Randall Travel
www.martinrandall.com

Latitudes
www.latitudes.com.br

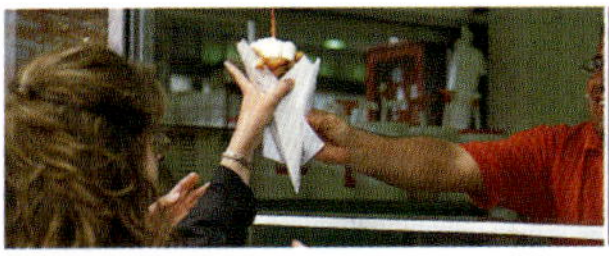

Friterie; Delicatéssen, onde se encontra ótima comida para piqueniques

TOP 10 Bélgica Econômica

1 Viajar na Baixa Estação

Os preços dos hotéis variam muito segundo os altos e baixos das viagens de negócios. Por conta disso, as tarifas podem até ser mais baixas na alta estação *(ver também p. 118,* Diárias de Fim de Semana*)*. Há épocas em que os menores custos das viagens na baixa estação coincidem com boas ofertas de hotéis.

2 Passes para Transporte Público

O passe múltiplo de transporte público é um modo de poupar, especialmente em Bruxelas, onde você pode querer visitar os museus e atrações da região metropolitana, distantes demais para conhecer a pé. Um bilhete "10 viagens" dá direito a dez percursos de ônibus, bonde ou metrô em dias distintos. Com o passe para um dia, você viaja tanto quanto quiser em um só dia.

3 Descontos em Trens

Entre sexta após as 19h e domingo à noite, há 50% de desconto nos bilhetes de ida e volta. Crianças até 6 anos viajam de graça; as de 6 a 11 anos, quando acompanhadas de um adulto, não pagam após as 9h e nos fins de semana. Há descontos de 40% para adultos até 26 anos e nas viagens de ida e volta de um dia. O Go-Pass permite a quem tem menos de 26 anos ir a qualquer lugar da Bélgica pagando apenas €6,50 por trajeto. Quem tem mais de 65 anos paga valor fixo de €5,20 para viagens de ida e volta a qualquer lugar após as 9h em dias úteis, exceto quando anunciada alguma restrição. *Sistema ferroviário belga: www.b-rail.be*

4 Estacione e Caminhe

O estacionamento é mais caro no centro das cidades, e muito mais barato, ou até gratuito, nos subúrbios. Em Bruges, por exemplo, o estacionamento na estação a sudoeste da cidade custa menos da metade do estacionamento central.

5 Descontos em Museus

Informe-se nos escritórios de turismo sobre pacotes que permitem visitar diversos museus por um único preço fixo.

6 Museus Gratuitos

Alguns museus, como o Musée Royal de l'Armée et d'Histoire *(p. 77)*, são grátis. Outros têm dias de entrada franca. Os Musées Royaux des Beaux-Arts *(pp. 12-5)* e os Musées Royaux d'Art et d'Histoire *(p. 77)* são grátis nas tardes da primeira quarta do mês. A Rubenshuis *(pp. 30-1)* é grátis na última quarta do mês.

7 Ofertas para Almoço

Muitos restaurantes têm menu de preço fixo com dois ou três pratos. Come-se bem na maioria dos cafés e bares, que servem refeições simples, como sopas, saladas, massas, filé com fritas ou lanches tradicionais.

8 Quiosque de Fritas

As batatas fritas belgas são uma refeição completa, mas um bom quiosque de fritas *(friterie/frietkot)* tem como acompanhamentos salsichas, almôndegas, bolinhos de peixe e até cozidos de carne na cerveja. É uma refeição deliciosa, barata e tipicamente belga.

9 Piqueniques

As rotisserias, padarias e confeitarias oferecem deliciosa comida pronta – sanduíches, pudins, tortas, saladas. Escolha uma refeição de primeira e vá até um parque.

10 Hotéis e Albergues da Juventude

Os hotéis e os albergues da juventude oferecem a hospedagem mais barata da Bélgica – menos de €20 por um quarto para duas pessoas. Os albergues seguem o padrão desse tipo de acomodação em todo o mundo. Já os hotéis para jovens se assemelham mais a hotéis normais, com quartos individuais – mas com banheiros compartilhados. Também têm bares animados, lanchonetes e acesso à internet, o que facilita o convívio dos hóspedes.

Se você fizer do almoço sua refeição principal, poderá encontrar bons preços nos menus fixos dos melhores restaurantes

Bruges tem muitos hotéis charmosos; Hospedagem em bed and breakfast

TOP 10 Dicas de Hospedagem

1 Informações na Internet
Encontram-se muitas informações sobre hotéis, instalações e preços na internet. A maioria dos hotéis tem seu próprio site.

2 Como Reservar
Você pode fazer reservas por fax, internet ou telefone (quase todos os funcionários de recepção falam inglês). Muitos hotéis exigem garantias para fazer uma reserva, como um número de cartão de crédito. O escritório de turismo da cidade *(p. 112)* pode ajudá-lo a encontrar hotel.

3 O Sistema de Estrelas
O sistema oficial de estrelas para classificar hotéis se baseia mais nas instalações do que em fatores que realmente fazem a diferença, como decoração, tranquilidade e qualidade do atendimento. O Le Dixseptième, em Bruxelas *(p. 125)*, é um hotel muito charmoso, mas tem apenas quatro estrelas.

4 Diárias de Fim de Semana
Muitos hotéis oferecem diárias de fim de semana (sex-dom e feriados) muito mais baixas que a "diária de balcão". Em Bruxelas, a diária mais barata pode valer também para todos os dias de julho e agosto, e em boa parte de dezembro a meados de janeiro. Há tarifas especiais para quem fica vários dias.

5 Alta e Baixa Temporada
Os preços dos hotéis refletem a previsão de alta e baixa das viagens de negócios e de turismo. O verão é um período agitado em Bruges, mas não tanto em Bruxelas, em Antuérpia e na cidade universitária de Gent.

6 Hotéis Charmosos
Bruges está muito adiante das outras cidades em matéria de hotéis pequenos, que são muito confortáveis e cheios de personalidade. Há pouca oferta de hospedagem desse tipo em Antuérpia e Gent; as exceções são o Flandria *(p. 130)* e o Matelote *(p. 131)*. Bruxelas tem mais opções *(p. 125)*.

7 Hotéis de Negócios
O setor hoteleiro na Bélgica é administrado com profissionalismo em todos os níveis. No setor de negócios, os preços são altamente competitivos; quanto mais você pagar, mais receberá, pelo menos em termos de instalações.

8 Café da Manhã
Verifique se o café da manhã está incluído na diária – se você pagar separadamente, ele poderá custar €15 ou mais por pessoa. O café da manhã dos hotéis geralmente é um bufê de cereais, croissants, frios e queijos, frutas, iogurtes, geleias, sucos e, às vezes, ovos e bacon.

9 Bed and Breakfast
Cada vez mais cidadãos abrem sua casa para receber hóspedes no sistema bed and breakfast. Às vezes são lindas casas históricas do centro. Essa hospedagem garante boa relação custo-benefício – cerca de €55-€95 por noite por um quarto de casal –, e os melhores locais são reservados com meses de antecedência. Muitas opções são encontradas na internet. Os escritórios de turismo também fornecem listas e contatos *(veja quadro abaixo)*.

10 Campings e Trailers
Uma opção barata – menos de €20 por família, por noite – é hospedar-se em um dos campings e locais de trailers da Bélgica, administrados com eficiência. É desnecessário dizer que não ficam perto do centro. Os escritórios de turismo darão mais informações.

Hospedagem em Bed and Breakfast

Bed & Brussels
02 646 07 37
• www.bnb-brussels.be

Taxistop
070 222 292
• www.taxistop.be

Belsud
070 221 021
• www.belsud.be

Guilda das Hospedarias de Gent
• www.bedand breakfast-gent.be

Menu de preço fixo; A conta do restaurante costuma incluir o serviço

TOP 10 Dicas para Comer e Beber

1 A Linguagem da Comida

O francês sempre foi o idioma dos cardápios, especialmente nos melhores restaurantes. Hoje, nas cidades flamengas, o holandês pode vir em primeiro lugar, seguido do inglês, às vezes sem o francês.

2 Faça como a População Local

Os belgas adoram comer fora e procuram boa comida a preços justos. Se um restaurante não for de primeira, simplesmente o evitarão. Se um restaurante favorito passa por má fase, eles o abandonam. Logo, opte pelos que estão cheios de pessoas do lugar (é fácil diferenciá-las).

3 Faça uma Reserva

Os bons restaurantes lotam todos os dias. Se você quiser muito ir a um restaurante em particular, faça reserva, o que é muito fácil por telefone. Se mudar de ideia, cancele a reserva.

4 Menus de Preço Fixo

Menus especiais de dois ou três pratos com preço fixo, que muitas vezes muda diariamente, podem ser vantajosos. Não é somente uma questão de preço – os chefs podem ter encontrado no mercado ingredientes de que gostaram, concentrando neles os talentos criativos.

5 Vegetarianos

Na Bélgica se come muita carne e muito peixe, mas a maioria dos restaurantes oferece opções vegetarianas. Em todas as cidades há restaurantes apenas vegetarianos cujos chefs conferem aos pratos o característico talento belga. Os escritórios de turismo dão informações.

6 Sangrando, Malpassada ou Bem-passada

Os belgas gostam da carne bovina malpassada. Se você pedir um bife ao ponto, é mais provável que chegue malpassado. A qualidade da carne justifica o cozimento leve, mas se você a quiser bem-passada *(bien cuit)*, insista e ignore a reação de espanto. A carne de cordeiro também vem malpassada; se não gosta dela assim, alerte o garçom.

7 Carne Crua, Ostras Cruas

Em determinados pratos a carne é servida crua. Isso se aplica ao steak américain *(p. 56)* e ao muito difundido prato italiano de carpaccio. Peixes são servidos crus em receitas de influência japonesa e no carpaccio de salmão ou atum. As ostras também são consumidas cruas.

8 Contas, Impostos e Gorjetas

O imposto sobre valor agregado (IVA/BTW), de 21% e uma taxa de serviço de 16% podem encarecer muito a conta, mas ambos costumam aparecer no cardápio. Na dúvida, não deixe de perguntar. Se o serviço não estiver incluído, você pode acrescentar 10%; se estiver, ainda pode dar uma pequena gorjeta em dinheiro, mas isso é opcional.

9 No Restaurante com Crianças

Comer fora frequentemente é um evento familiar na Bélgica; o almoço pode durar até o meio da tarde. As crianças se acostumam com isso desde cedo e podem desenvolver gostos sofisticados. Por essa razão, elas quase sempre são bem-vindas em restaurantes, cujos donos fazem questão de atender às suas preferências em comida e bebida. Elas também podem entrar na maioria dos bares e cafés.

10 Dosagem Alcoólica das Cervejas

As cervejas belgas são, em média, um pouco mais fortes que suas equivalentes britânicas, americanas ou brasileiras, variando entre mais ou menos 5% e 12% de teor alcoólico. Como são servidas em quantidades relativamente pequenas, o efeito pode ser enganoso – você só vai sentir quando ficar em pé. Pode requerer um pouco de prática.

Veja mais sobre a comida belga nas **pp. 6-7**

Seleção de cervejas; Balcão de supermercado

TOP 10 Dicas de Compras

1 Restituição de Impostos

Visitantes de fora da UE podem receber de volta a maior parte do imposto sobre valor agregado (IVA/ BWT) de compras no valor mínimo de €125 em uma só loja. Procure lojas com a placa "Tax-free Shopping". Como o imposto é de 21%, isso significa boa economia em artigos de valor alto. É preciso obter um "Tax-free Shopping Cheque" da loja, e você pode pedir a restituição do imposto nos guichês "Tax-free offices" do Aeroporto Zavantem. Informe-se em www.global-blue.com ou www.brusselsairport.be.

2 Limites Alfandegários

Os residentes da UE têm poucas limitações para sair da Bélgica com mercadorias, mas há restrições a produtos à base de carne, plantas e, é claro, armas e entorpecentes. Álcool e tabaco devem ser para consumo pessoal apenas. Viajantes de fora da UE enfrentam restrições muito maiores para sair da Bélgica com álcool ou tabaco.

3 Horários de Funcionamento

Em geral, as lojas ficam abertas das 10h às 18h; lojas menores, como padarias e bancas de jornal, podem abrir mais cedo. Algumas lojas fecham para o almoço, mas ficam abertas até mais tarde à noite. Lojas maiores e supermercados fecham aos domingos, mas confeitarias, lojas de chocolate, delicatessens e lojas para turistas tendem a permanecer abertas. Algumas abrem até tarde uma noite por semana, mas nenhuma das cidades tem um dia em que o comércio todo funcione até tarde da noite.

4 Supermercados

Muitos produtos que costumam ser levados para casa – cervejas de trapistas e Stella Artois, chocolates Côte d'Or – são encontrados em supermercados. Os maiores, como os da rede Delhaize, geralmente ficam nos subúrbios, mas têm filiais menores no centro.

5 Shopping Centers

Todas as cidades têm shopping centers *(pp. 71, 90, 98* e *107)* com butiques sofisticadas e redes de lojas de roupas.

6 Comprar Chocolate

Uma das boas coisas sobre os chocolates recheados belgas de alta qualidade, ou pralinas, é que contêm creme fresco – o que significa que sua validade é limitada. Eles se conservam na geladeira por cerca de três semanas.

7 Cerveja e Vinho

A cerveja belga tem preços notavelmente bons, em vista de sua qualidade. Há lojas especializadas em cerveja, mas a maioria das marcas mais conhecidas é encontrada em lojas e supermercados comuns. Os belgas costumam tomar vinho francês, e os preços nas lojas são semelhantes aos da França.

8 Verdadeira Renda

A verdadeira renda feita à mão é cara. Para assegurar-se de comprar o produto legítimo, exija certificado de autenticidade *(p. 54)*.

9 Moda

O centro das cidades é repleto de lojas de roupa de todos os tipos. Muitos artigos são importados, mas os preços são bons. A Bélgica é famosa também pelos estilistas. Antuérpia é o centro do design de moda e tem inúmeras lojas que refletem esse fato *(p. 107)*, mas as criações dos maiores estilistas podem ser encontradas em outros lugares. Existem também várias grifes belgas respeitadas (como Olivier Strelli e Rue Blanche) com lojas na maioria das cidades.

10 Livrarias

Todas as cidades belgas contam com muitas livrarias. E as melhores, como a Waterstones, oferecem obras em diversas línguas.
Boulevard Adolphe Max 71–75 • Mapa C1

A maioria dos museus e galerias fecha às segundas; Travessia de pedestres

TOP 10 A Evitar

1 A Pista da Esquerda
Não caia na tentação de imitar os motoristas belgas. Eles dirigem colados ao carro da frente em velocidade máxima, como se o conceito de "distância segura de frenagem" tivesse saído de moda.

2 Travessias de Pedestres
Não *evite* as travessias de pedestres, é claro, mas trate-as com cuidado. A lei que obriga os motoristas a parar quando pedestres estão aguardando para atravessar a rua foi implantada apenas em 1996. Antes disso, os motoristas ignoravam as faixas de pedestres, a não ser que alguém atravessasse diante deles. Alguns ainda parecem seguir essa regra; outros fazem questão de parar.

3 *Priorité de Droite* (Prioridade à Direita)
No passado, os veículos vindos da direita tinham prioridade, conhecida como *priorité à droite*. Hoje a sinalização nas ruas indica que a prioridade é dos veículos que transitam na rua principal, e que os que vêm de ruas menores devem esperar. Mas ainda sobrevivem vestígios da *priorité à droite*, especialmente nas ruas suburbanas de Bruxelas, portanto fique de olho na sinalização e nos veículos que se aproximam pela direita.

4 Álcool e Direção
Dirigir sob o efeito de álcool é ilegal. Com um drinque, você provavelmente estará dentro do limite permitido. Dois drinques, e estará acima dele. Se a polícia o parar, você estará sujeito a pesadas penalidades.

5 Chegada a Bruges de Carro
Bruges faz todo o possível para encorajar você a deixar o carro em um dos grandes estacionamentos da periferia da cidade. A melhor solução é fazê-lo e caminhar 1km do estacionamento até o centro. Mas é possível ir de carro até o hotel e, de fato, estacionar perto do centro, especialmente fora da alta temporada, no verão.

6 Mosquitos
Os canais de Bruges (e, em grau menor, também os de Gent) favoreceram a multiplicação de mosquitos. Isso pode ser um incômodo no verão, portanto não se esqueça de trazer repelente de insetos. Se tiver medo de ser incomodado pelos mosquitos, escolha um hotel com ar-condicionado, onde poderá deixar as janelas fechadas.

7 Banheiros Públicos
Os banheiros públicos das cidades são geralmente bem cuidados por funcionárias, que cobram cerca de €0,30 pelo uso das instalações. A alternativa é usar os banheiros de bares ou cafés, mas nesse caso aja como freguês e peça um drinque ou café.

8 A Alta Temporada em Bruges
Bruges é muito movimentada no verão. Ônibus de turismo chegam em grande número, deixando multidões de pessoas nos estacionamentos do sudoeste da cidade. Uma maneira de enfrentar o problema é ficar vários dias, para ver a cidade em seus momentos mais calmos. Outra é explorar as áreas mais tranquilas – praticamente qualquer lugar, menos o sudoeste.

9 Visitar Museus na Segunda-Feira
A segunda-feira é o dia de descanso em quase todos os principais museus e galerias – logo, é um bom dia para caminhar, fazer compras, visitar igrejas ou qualquer outra coisa que lhe aprouver.

10 Restaurantes para Turistas
Você pode identificá-los de longe: cardápios plastificados impressos em pelo menos quatro línguas; garçons que chamam os clientes na porta; clientela estrangeira e terraços nos locais mais desejáveis no centro da cidade. Não caia na tentação. A comida em geral é medíocre e cara.

É quase impossível comer mal na Bélgica, mas comer bem pode exigir um pouco de pesquisa

Jornais internacionais em banca; Agência dos correios

TOP 10 Bancos e Comunicações

1 Câmbio

A moeda da Bélgica é o euro. Cédulas de outras moedas e cheques de viagem podem ser trocados, ou o valor pode ser sacado em um banco ou casa de câmbio especializada.

2 Horários de Funcionamento dos Bancos

Os bancos geralmente abrem seg-sex 9h-13h (ou 9h30-12h) e 14h-16h, mas algumas agências maiores não fecham para o almoço. Alguns bancos abrem nas manhãs de sáb. As casas de câmbio ficam abertas até mais tarde e às vezes também nos fins de semana.

3 Caixas Automáticos

Cartões bancários e de crédito podem ser usados para sacar dinheiro nos caixas automáticos. Antes de viajar, verifique com seu banco ou empresa de cartão de crédito se seu cartão é compatível com os sistemas da Bélgica (Cirrus, Maestro, Plus e Star). E não esqueça sua senha.

4 Cartões de Crédito e de Débito

A maioria dos principais cartões de crédito e de débito é aceita na Bélgica. Os restaurantes quase sempre aceitam cartões, mas verifique antes de comer. Alguns dos hotéis menores trabalham apenas com dinheiro vivo.

5 Travellers' Cheques

Os cheques de viagem são úteis em caso de perda, roubo ou defeito de seus cartões. Eles podem ser trocados por dinheiro vivo, ou – especialmente se forem em euros – usados como dinheiro vivo em certas circunstâncias.

6 Telefones Públicos

Os telefones celulares tornaram os telefones públicos quase obsoletos – mas eles ainda existem. Operados pela antiga estatal Belgacom, podem ser usados em ligações para o exterior. Os telefones públicos funcionam com moedas ou cartões Belgacom comprados em bancas de jornais, guichês de passagens e agências dos correios.

7 Correios

As agências do correio em geral abrem seg-sex 9h-17h. Nelas você pode comprar selos e verificar os preços de postagem de objetos mais pesados. As agências centrais em cada cidade oferecem serviço de posta-restante, e algumas enviam fax. Selos podem ser comprados também em tabacarias, bancas de jornais e lojas que vendem cartões-postais.

8 Internet

Muitos hotéis de negócios e de alto padrão oferecem acesso à internet. Todas as cidades têm cibercafés, alguns excelentes.
www.cybercafes.com

9 Jornais

A imprensa belga se divide segundo as línguas. Os principais jornais em francês são *Le Soir*, *La Libre Belgique* e *La Dernière Heure*; em holandês, *Het Laatste Nieuws*, *De Standaard* e *De Morgen*. Bruxelas tem uma excelente revista mensal em inglês, *The Bulletin*, que resume e analisa os acontecimentos locais e traz notícias e outros temas. A *Brussels Unlimited* publica extensas listas de programação.

10 Televisão

Como acontece com os jornais, a televisão belga se divide em programas para cada língua, mas a TV a cabo traz grande opção de canais de toda a Europa e dos EUA. Quase todos os quartos de hotel têm televisão.

Telefonia

Código da Bélgica:
+ 32 (não use o primeiro zero do código de área)

Códigos das Cidades:
Antuérpia: (0)3
Bruges: (0)50
Bruxelas: (0)2
Gent: (0)9

Para Falar com o Brasil, disque:
00 + 55 + código da cidade + número do tel

O inglês é amplamente falado nas quatro cidades cobertas neste guia

Farmácia; Policial dando orientações

TOP 10 Segurança e Saúde

1 Telefones de Emergência
Os belgas têm forte senso de espírito comunitário. Se você precisar enfrentar uma emergência, é provável que encontre ajuda solidária e eficiente. Os serviços de emergência são tão eficientes e confiáveis quanto em qualquer outro lugar da Europa. *Polícia: 101 • Incêndio/acidente/ambulância: 100 • Envenenamento ou intoxicações: 070 245 245*

2 Seguro de Viagem
Contrate um seguro de viagem e saúde quando reservar sua passagem. Isso lhe permitirá pedir reembolso se tiver que cancelar a viagem, sofrer atrasos ou perder objetos. O seguro também cobre custos médicos em casos de doença ou acidente.

3 Médicos
Se você sofrer um acidente ou adoecer, poderá ser atendido por um clínico-geral no consultório ou em um hospital da cidade. Pergunte no local sobre a melhor maneira de acessar esses serviços. Os hotéis, por exemplo, têm listas de médicos de plantão.

4 Dentistas
Os dentistas belgas geralmente são de alto nível. Pergunte no local o que precisa fazer para ser atendido por um dentista de plantão.

5 Hospitais
A tradição de atendimento hospitalar da Bélgica remonta a tempos medievais. A maioria dos hospitais do país foi transferida para edifícios modernos, amplos, localizados nos subúrbios ou na periferia das cidades. Os hospitais belgas estão entre os melhores da Europa.

6 Farmácias
Os farmacêuticos são altamente qualificados, e as farmácias em geral são exemplos de eficiência clínica. Para muitos belgas, o farmacêutico é a primeira pessoa a quem recorrem em caso de problemas de saúde menores. Mas os farmacêuticos conhecem os limites de sua atuação e, se for necessário, o encaminharão a um médico. Cada cidade tem algumas farmácias que fazem plantão noturno.

7 Panes e Acidentes de Carro
Se você entrar de carro na Bélgica, certifique-se de ter cobertura completa contra panes. Senão os custos de conserto, ou, ainda pior, da repatriação do veículo, podem chegar a uma pequena fortuna. As duas principais organizações de automobilismo belgas, Touring e VAB, prestam serviços de socorro. *Touring: 070 34 47 77. www.touring.be • VAB: 070 344 666. www.vab.be*

8 Criminalidade
As cidades belgas não são lugares especialmente perigosos ou de muita criminalidade, mas furtos, roubos e mesmo roubos de veículos à mão armada são até certo ponto comuns. Se você ficar alerta e adotar as mesmas precauções que em qualquer outra cidade ocidental, o mais provável é que escape incólume. Se for vítima de um crime, denuncie à polícia – dentro de 24 horas, no caso de furto – se quiser pedir indenização do seguro. Muitos policiais falam inglês e oferecem atendimento profissional.

9 Embaixadas
Em casos extremos – por exemplo, se você achar que foi tratado injustamente pela polícia – entre em contato com as autoridades brasileiras. *Embaixada do Brasil: Avenue Louise, 350, 6º andar), B-1050, Bruxelas, 02 626 34 60. www.brasbruxelas.be*

10 Documento de Identidade
Na Bélgica, é obrigatório por lei sempre carregar um documento de identidade (no caso de turistas brasileiros, o passaporte). A polícia tem o direito de lhe pedir seu documento para averiguação, mas não pode retê-lo.

Astoria; Radisson Blu Royal Hotel

TOP 10 Bruxelas: Hotéis de Luxo

1 Métropole

O hotel mais conhecido de Bruxelas é um reluzente prédio belle époque adaptado aos padrões modernos. Tem localização central, perto da Place Ste-Catherine e da Place St-Géry. *Place de Brouckère 31, 1000 BRU • Mapa C2 • 02 217 23 00 • www.metropolehotel.com • €€€€€*

2 Astoria

Com seu maravilhoso saguão e seus espetaculares salões para uso dos hóspedes, o Astoria parece ser do século XVIII, mas foi construído em 1909. Fica na Cidade Alta, perto do Palácio Real. Churchill e Eisenhower se hospedaram aqui. O hotel está fechado para reformas até 2013. *Rue Royale 103, 1000 BRU • Mapa D2 • 02 227 05 05 • €€€€€*

3 Amigo

Chique, confortável e eficiente, o Amigo ocupa o local de uma prisão do século XVI, perto da Grand Place. Seu interior é em estilo renascentista espanhol. *Rue de l'Amigo 1-3, 1000 BRU • Mapa B3 • 02 547 47 47 • www.hotelamigo.com • €€€€€*

4 NH Hotel du Grand Sablon

A localização deste hotel, com vista para a bela Place du Grand Sablon, é um de seus destaques – além do fato de oferecer instalações de primeira classe desta cadeia italiana de alto estilo. Elegante, moderno e confortável. Nos fins de semana, as tarifas caem em 50%. *Rue Bodenbroeck 2-4, 1000 BRU • Mapa C4 • 02 518 11 00 • www.nh-hotels.com • €€€€*

5 Marriott Bruxelas

Impressionante edifício da cadeia Marriott, situado perto da Bourse e da Grand Place, localização ideal para negócios, compras e lazer. *Rue Auguste Orts 3-7, 1000 BRU • Mapa B2 • 02 516 90 90 • www.marriott.com • €€€€*

6 Silken Berlaymont

Perto do coração do governo europeu e do Cinquantenaire, este hotel é o preferido dos diplomatas, políticos e jornalistas, por seu sistema de comunicação de última geração, sala de ginástica, banhos turcos e sauna. *Boulevard Charlemagne 11-19, 1000 BRU • Mapa G3 • 02 231 09 09 • www.hotelsilkenberlaymont.com • €€€€€*

7 Royal Windsor

Este elegante e luxuoso hotel, equidistante da Grand Place e dos Musées Royaux des Beaux-Arts, conta com uma série de apartamentos fashion desenhados por estilistas belgas. *Boulevard Charlemagne 11-19, 1000 BRU • Mapa G3 • 02 231 09 09 • www.royalwindsorbrussels.com • €€€€€*

8 Radisson Blu Royal Hotel

O saguão é de tirar o fôlego – um altíssimo átrio com plantas tropicais, fontes e elevadores envidraçados alcançando o firmamento. Gerenciado com estilo e eficiência, o hotel tem um famoso restaurante, o Sea Grill *(p. 74). Rue Fossé-aux-Loups 47, 1000 BRU • Mapa C2 • 02 219 28 28 • www.radissonblu.com • €€€€€*

9 Conrad International

A sudoeste do Pentágono que delimita a Cidade Velha, o Conrad fica perto da melhor área de compras, em torno da Place Louise. Hotel cortês, confortável e moderno, com quartos imensos e dois respeitáveis restaurantes. *Avenue Louise 71, 1050 BRU • Mapa C6 • 02 542 42 42 • www.conradhotels1.hilton.com • €€€€€*

10 The Dominican

Este luxuoso hotel é imbatível pela localização, bem atrás do Théâtre Royal de la Monnaie e a poucos passos da Grand Place. Premiados arquitetos criaram um pátio privado, para o qual se abrem os apartamentos, e um suntuoso Grande Saguão, muito movimentado. *Rue Léopold 9, 1000 BRU • Mapa C2 • 02 203 08 08 • www.carlton.nl/dominican • €€€€*

Le Plaza

Categorias de Preço

Diária de quarto de casal, com café da manhã (se houver), impostos e taxa de serviço.

€	até €60
€€	€60-€100
€€€	€100-€175
€€€€	€175-€250
€€€€€	acima de €250

TOP 10 Bruxelas: Hotéis de Estilo

1 Le Dixseptième

Não há lugar igual em Bruxelas: um pequeno hotel fascinante na residência de final do século XVII do embaixador espanhol. Conta com uma série de suítes – com nomes de artistas belgas – engenhosamente projetadas sob as vigas do teto e decoradas com um misto de charme antigo e discernimento moderno. ✆ *Rue de la Madeleine 25, 1000 BRU • Mapa C3 • 02 517 17 17 • www.ledixseptieme.be • €€€€*

2 Manos Premier

Este hotel de estilo espetacular lembra uma grande e elegante residência particular. Muitos dos quartos são suítes cheias de estilo, alguns com terraços privados na cobertura. Localizado ao sul do centro, fora do Pentágono. ✆ *Chaussée de Charleroi 100-106, 1060 BRU (Saint--Gilles) • Mapa C6 • 02 537 96 82 • www.manospremier.com • €€€€€*

3 Le Plaza

Você se sente um pouco como hóspede de Luís XVI no saguão, digno de um palácio, e nos salões deste hotel grande, com forro de estuque, detalhes dourados e luxuosas pinturas no teto. Os amplos apartamentos seguem o mesmo alto padrão de conforto. ✆ *Boulevard Adolphe Max 118-26, 1000 BRU • Mapa C1 • 02 278 01 00 • www.leplaza-Bruxelas.be • €€€€*

4 Warwick Barsey Hotel

Localizado no extremo sul da Avenue Louise, este hotel foi redecorado pelo designer francês Jacques Garcia em requintado estilo eduardiano. Os apartamentos exalam luxo e conforto. ✆ *Avenue Louise 381-3, 1050 BRU • 02 649 98 00 • www.warwickbarsey.com • €€€€€*

5 Stanhope

Este elegante hotel, perto do Palácio Real, é decorado em uma moderna interpretação da mansão de campo britânica. Diárias atraentes nos fins de semana. ✆ *Rue du Commerce 9, 1000 BRU • Mapa E5 • 02 506 91 11 • www.thonhotels.be • €€€€*

6 Les Bluets

Tranquilo e cheio de personalidade, este hotel ocupa uma ampla casa do século XIX em St--Gilles. Tem nove quartos confortáveis, decorados com obras de arte e móveis de época, e o salão de café da manhã oferece a atmosfera de um antiquário. ✆ *Rue Berckmans 124, 1060 BRU • Mapa C6 • 02 534 39 83 • www.bluets.be • €*

7 Hilton Bruxelas City

Em frente ao Comfort Art Hotel Siru, do outro lado da Place Rogier, o Hilton Brussels City faz uma interpretação moderna do Art Déco – tudo cromado, sensuais superfícies de madeira e supreendentes formas geométricas. ✆ *Place Rogier 20, 1210 BRU (Saint-Josse-ten-Noode) • Mapa C1 • 02 203 31 25 • www.hilton.com • €€€€€*

8 Hotel Bloom!

Hotel moderno e funcional; quartos todos brancos, cada um com um afresco pintado por um jovem artista europeu. Localizado atrás do Jardim Botânico, com fácil acesso à Gare du Nord e ao centro. ✆ *Rue Royale 250, 1210 BRU • Mapa D1 • 02 220 66 11 • www.hotelbloom.com • €€€*

9 The White Hotel

Hotel com quartos decorados individualmente por jovens artistas. O pacote de boas-vindas inclui uma lista dos melhores lugares para visitar em Bruxelas. Aluga bicicletas e motonetas. ✆ *Avenue Louise 212, 1050m BRU • Mapa C6 • 02 644 29 29 • www.thewhitehotel.be• €€€*

10 À La Grande Cloche

Numa tranquila praça perto da Grand Place, este atraente hotel oferece ótimos preços. Prática localização em frente ao famoso restaurante Comme Chez Soi *(p. 74)*, perfeito para gourmets. ✆ *Place Roupe 10, 1000 BRU • Mapa B4 • 02 512 61 40 • www.hotelgrandecloche.com • €€*

Le Châtelain; NH Atlanta

TOP 10 Bruxelas: Econômicos e de Negócios

1 Novotel Bruxelas Centre – Tour Noire

Este eficiente hotel de negócios incorpora um "centro de saúde aquático" e a Tour Noire, uma das torres remanescentes do século XII nas muralhas da cidade. *Rue de la Vierge Noire 32, 1000 BRU • Mapa B2 • 02 505 50 50 • www.novotel.com • €€€*

2 Marivaux

Hotel de negócios simples mas satisfatório, o Vendôme fica a poucos passos da Grand Place. *Boulevard Adolphe Max 98, 1000 BRU • Mapa C1 • 02 227 03 00 • www.marivaux.be • €€€€*

3 NH Atlanta

Este moderno hotel de estilo é administrado com charme e profissionalismo. Entre os destaques, espaçosos banheiros de mármore e um salão de café da manhã na cobertura. *Boulevard Adolphe Max 7, 1000 BRU • Mapa C2 • 02 217 01 20 • www.nh-hotels.com • €€€€*

4 Atlas

Moderno e bem administrado hotel não longe da Place Sainte-Catherine, da Place Saint-Géry e da Grand Place, o Atlas oferece pacotes econômicos fora de estação em seu site. *Rue du Vieux Marché aux Grains 30, 1000 BRU • Mapa B2 • 02 502 60 06 • www.atlas-hotel.be • €€€€*

5 Citadines

No Citadines, você pode alugar um estúdio ou apartamento com cozinha e sala de estar. Os flats estão disponíveis para uma noite, mas valem mais a pena para estadias longas. Preços razoáveis e localização central na região da Place Sainte-Catherine. *Quai au Bois à Brûler 51, 1000 BRU • Mapa B1 • 02 221 14 11 • www.citadines.com • €€*

6 Le Châtelain

Embora seu código postal 1000 sugira a região central de Bruxelas, este hotel fica no meio da Avenue Louise, perto do Musée Horta. Sua combinação de elegância e eficiência se reflete no preço dos apartamentos. *Rue du Châtelain 17, 1000 BRU • 02 646 00 55 • www.le-chatelain.com • €€€€€*

7 Noga

Pequeno e bem administrado hotel que tem clientes fiéis. Decorado num misto de estilos modernos e antigos, possui charme pitoresco e localização central no tranquilo bairro de Béguinage, perto da Place Sainte Catherine. *Rue du Béguinage 38, 1000 BRU • Mapa B1 • 02 218 67 63 • www.nogahotel.com • €€*

8 George V

Pequeno hotel simpático em uma *maison de maître* do século XIX, com toques do antigo charme inglês, o George V fica a oeste da Grand Place, perto dos movimentados cafés e bares da Place Saint-Géry. *Rue 't Kint 23, 1000 BRU • Mapa A3 • 02 513 50 93 • www.hotel george5.com • €€*

9 Brussels Welcome Hotel

Localizado perto da Grand Place, este simpático hotel informal tem como destaque um tema geográfico para cada um de seus 15 apartamentos originais. Escolha seu destino imaginário para a noite – Congo, Cuba, Índia ou Istambul. O bairro tem ambiente boêmio e fica perto das lojas mais em moda da cidade. *Quai au bois à Brûler 23, 1000 BRU • Mapa B1 • 02 219 95 46 • www.hotel welcome.com • €€€*

10 Sleep Well Youth Hotel

Alguns aspectos deste econômico hotel central lembram um albergue da juventude (banheiros compartilhados; quartos inacessíveis das 11h às 15h), mas ele oferece instalações despojadas e modernas e uma excelente relação custo-benefício, sobretudo para famílias e grupos. Um anexo de categoria superior, chamado New Sleep Well, possui apartamentos com banheiros privativos a preço três vezes maior do que o dos quartos mais antigos. *Rue du Damier 23, 1000 BRU • Mapa C1 • 02 218 50 50 • www.sleepwell.be • €*

Martin's Orangerie

Categorias de Preço

Diária de quarto de casal, com café da manhã (se houver), impostos e taxa de serviço.

€	até €60
€€	€60-€100
€€€	€100-€175
€€€€	€175-€250
€€€€€	acima de €250

TOP 10 Bruges: Hotéis de Luxo

1 Die Swaene

Pequeno hotel numa rua de casas do século XV, beirando o canal, Die Swaene fica bem no centro de Bruges, perto da Burg. Camas de dossel, piscina e restaurante. *Steenhouwersdijk 1 • Mapa L4 • 050 34 27 98 • www.dieswaene-hotel.com • €€€€*

2 Martin's Orangerie

Este charmoso hotel, instalado em um prédio do século XV, tem um maravilhoso salão para o café da manhã, todo revestido de madeira, e sala de estar com terraço e vista para o canal Dijver. O hotel exala personalidade e charme. *Kartuizerinnenstraat 10 • Mapa K4 • 050 34 16 49 • www.martinshotels.com • €€€€*

3 De Tuilerieën

Hotel irmão do Orangerie, próximo ao Groeningemuseum, com ambiente de refinada elegância urbana do século XVIII – e piscina. *Dijver 7 • Mapa L4 • 050 34 36 91 • www.hoteltuilerieen.com • €€€€€*

4 Pandhotel

Este luxuoso hotel, em uma bela mansão do século XVIII, é o local ideal para uma estadia romântica. Decorado com muito estilo e conforto, tem camas de dossel. Perto da Burg, em uma bonita rua arborizada. *Pandreitje 16 • Mapa L4 • 050 34 06 66 • www.pandhotel.com • €€€*

5 Kempinski Dukes' Palace

Este antigo palácio ducal segue o conhecido padrão Kempinski de decoração, mas a piscina do spa, a galeria de arte e a capela lhe conferem um destaque extra. O restaurante Manuscript serve um excelente café da manhã. O bar não é barato, mas as pessoas do lugar acham que vale a pena. *Prinsenhof 8 • Mapa K4 • 050 44 78 88 • www.kempinski-bruges.com • €€€€€*

6 Martin's Relais Oud Huis Amsterdam

Um grupo de mansões do século XVII beirando o canal Spiegelrei, ao norte da Markt, é o cenário de um dos mais respeitados hotéis de Bruges. Os quartos são decorados com valiosas antiguidades, e tudo segue um estilo casual e elegante, dando ao lugar um charme tranquilo, que se reflete até na administração. *Genthof 4a • Mapa L3 • 050 34 18 10 • www.martins-hotels.com • €€€€*

7 NH Brugge

Dos muitos hotéis que margeiam o Zand – um grande espaço aberto a oeste –, este é talvez o melhor. Os quartos são confortáveis, e a piscina coberta é um bônus para os hóspedes. *Boeveriestraat 2 • Mapa J5 • 050 44 97 11 • www.nh-hotels.com • €€€€*

8 De Castillion

Ocupando uma antiga residência de bispo do século XVII a oeste da cidade, este confortável hotel tem apartamentos decorados com imaginação. O alto padrão dos quartos condiz com o do luxuoso restaurante, Le Manoir Quatre Saisons. *Heilige Geeststraat 1 • Mapa K4 • 050 34 30 01 • www.castillion.be • €€€€*

9 Crowne Plaza Hotel

Impossível um lugar mais central do que este: o Crowne Plaza tem vista para a Burg no próprio coração de Bruges. Bem administrado e eficiente, também incorpora ruínas históricas: as fundações escavadas da igreja medieval de São Donato. Oferece piscina coberta e estacionamento próprio. *Burg 10 • Mapa L4 • 050 44 68 44 • www.ichotelsgroup.com • €€€€€*

10 De' Medici

Este estiloso hotel moderno, que dá vista para o canal, na tranquila região leste da cidade, pertence ao grupo Golden Tulip. Diferentemente da maioria, conta com um restaurante japonês. E também com uma academia de ginástica, sauna e banhos turcos. *Potterierei 15 • Mapa L2 • 050 33 98 33 • www.hoteldemedici.com • €€€€*

Navarra; Jan Brito

Bruges: Hotéis de Preço Médio

1 Navarra
Antiga casa comercial dos mercadores de Navarra, hoje é um hotel de elegância singular, ao norte da Markt. Membro do grupo Best Western, oferece alto padrão de serviço e conforto, inclusive centro de atividades físicas e piscina. *Sint-Jakobsstraat 41 • Mapa K3 • 050 34 05 61 • www.hotelnavarra.com • €€€*

2 Adornes
O Adornes fica num conjunto de mansões restauradas dos séculos XVI a XVIII, com vista para o canal, na tranquila parte leste da cidade, mas a pouca distância do centro. Charmosa decoração rústica, com vigas de madeira aparentes. Os hóspedes podem usar bicicletas de graça. *Sint-Annarei 26 • Mapa L3 • 050 34 13 36 • www.adornes.be • €€€*

3 Prinsenhof
Parte do grupo Belfort, este pequeno e bem arrumado hotel fica numa ruela lateral do lado oeste da cidade, em uma área antigamente ocupada pelo esplêndido palácio dos duques de Borgonha. Algo do estilo grandioso dos duques persiste na decoração – porém em escala menor. *Ontvangersstraat 9 • Mapa K4 • 050 34 26 90 • www.prinsenhof.be • €€€*

4 Walburg
Bela mansão do século XIX, bem reformada com espaçosa elegância. O Walburg exala estilo e luxo, com um átrio de pé-direito duplo, escadaria de mármore e móveis Luís XVI. *Boomgaardstraat 13-15 • Mapa L3 • 050 34 94 14 • www.hotelwalburg.be • €€€*

5 Hotel Jacobs
Este hotel econômico e familiar fica no tranquilo bairro de Sint-Gillis. Administrado pela simpática família Gentile, oferece confortáveis acomodações e quartos aconchegantes. A curta caminhada das principais lojas, restaurantes e museus. *Baliestraat 1 • Mapa L2 • 050 33 98 31 • www.hoteljacobs.be • €€*

6 Egmond
O hotel Egmond parece estar num mundo à parte, inserido no seu próprio parque ao lado do Minnewater, no sul da cidade. A fachada e o estilo de mansão lhe conferem um ar neobaronial. *Minnewater 15 • Mapa K6 • 050 34 14 45 • www.egmond.be • €€€*

7 Ibis Brugge Centrum
Neste hotel você encontra a eficiência direta e sem luxos da cadeia Ibis. Certamente não tem charme histórico, mas satisfaz as exigências essenciais, e tem boa localização. *Katelijnestraat 65a • Mapa L5 • 050 33 75 75 • www.ibishotel.com • €€€*

8 Heritage
Elegante e confortável hotel em uma mansão do século XIX, localizado em um antigo bairro comercial ao norte da Markt. Possui spa e sala de ginástica em um porão do século XIV, além de solário na cobertura. *Niklaas Desparsstraat 11 • Mapa K3 • 050 44 44 44 • www.hotel-heritage.be • €€€*

9 Parkhotel
Um dos maiores hotéis no Zand, o Parkhotel é bem administrado, com elegante decoração e serviço eficiente. Tem vista para o Zand, a espaçosa praça do mercado a oeste da cidade, e fica a 10 minutos do centro. *Vrijdagmarkt 5 • Mapa J5 • 050 33 33 64 • www.parkhotelbrugge.be • €€€*

10 Jan Brito
Com localização central, entre a Burg e o Koningin Astridpark, o hotel Jan Brito ocupa um bonito prédio do século XVI com fachada de tijolos e frontões em degraus. Dispõe de charmosas acomodações decoradas no estilo Luís XVI. Possui também um belo jardim. *Freren Fonteinstraat 1 • Mapa L4 • 050 33 06 01 • www.janbrito.com • €€€*

De Pauw

Categorias de Preço

Diária de quarto de casal, com café da manhã (se houver), impostos e taxa de serviço.		
	€	até €60
	€€	€60-€100
	€€€	€100-€175
	€€€€	€175-€250
	€€€€€	acima de €250

TOP 10 Bruges: Hotéis Econômicos

1 Botaniek

Hotel pequeno porém atraente, erguido sobre as fundações de uma mansão do século XVIII. Os quartos são simples mas agradáveis, e os salões, aconchegantes. Acima de tudo, os funcionários são cordiais e prestativos. A localização – perto do Koningin Astridpark – é prática e central. Procure ofertas especiais no site. *Waalsestraat 23 • Mapa L4 • 050 34 14 24 • www.botaniek.be • €€*

2 Patritius

Em vista de seu preço, o Patritius ocupa uma mansão surpreendentemente grandiosa localizada a noroeste da Markt. *Ridderstraat 11 • Mapa L3 • 050 33 84 54 • www.hotelpatritius.be • €€*

3 Ter Brughe

A área, ao norte do canal Augustijnenrei, é uma charmosa rede de ruas antigas. Este hotel bem administrado ocupa uma casa do século XVI beirando o canal. O salão do café da manhã fica no porão com abóbada de tijolos. *Oost Gistelhof 2 • Mapa K3 • 050 34 03 24 • www.hotelterbrughe.com • €€*

4 Ter Duinen

Este pequeno hotel pode parecer meio perdido no norte da cidade, mas o centro de Bruges fica a apenas 15 minutos a pé. Os quartos são bem mobiliados e têm janelas antirruído e ar-condicionado. Elegantes áreas comuns. *Langerei 52 • Mapa L2 • 050 33 04 37 • www.terduinenhotel.be • €€€*

5 Lucca

A aparência neoclássica do século XVIII esconde um interior ainda mais antigo, com um porão medieval abobadado onde é servido o café da manhã. No passado, foi a mansão dos mercadores de Lucca – ligados a Giovanni Arnolfini, o banqueiro que aparece na famosa pintura de Jan van Eyck, *O casal Arnolfini*. Os quartos são antiquados – o que se reflete nos preços moderados. *Naaldenstraat 30 • Mapa K3 • 050 34 20 67 • www.hotellucca.be • €*

6 Ter Reien

A leste da Burg, o Ter Reien é conhecido pela qualidade das instalações, dos serviço e, sobretudo, pelos bons preços. *Langestraat 1 • Mapa L3 • 050 34 91 00 • www.hotelterreien.be • €€*

7 De Pauw

Este bonito hotel familiar, com fachada de tijolos antigos cobertos de flores, fica perto da antiga igreja paroquial de Santo Egídio, no tranquilo e histórico setor norte da cidade – mas a apenas 10 minutos a pé do centro. Com estilo do interior, assemelha-se a uma residência particular, e a recepção é condizente. *Sint-Gilliskerkhof 8 • Mapa L2 • 050 33 71 18 • www.hoteldepauw.be • €€*

8 Passage

Interessante hotel econômico com apenas catorze quartos, num estilo exótico e boêmio. Conta também com um adjacente "hotel para jovens", de preços mais módicos. É ligado ao atraente Gran Kaffee de Passage *(p. 93)*. *Dweerstraat 26 • Mapa K4 • 050 34 02 32 • www.passagebruges.com • €*

9 Bauhaus Hotel

Este "Hotel Internacional da Juventude" é popular, acolhedor e cheio de energia. Localizado no leste da cidade, a 15 minutos de caminhada do centro, é conhecido pela hospedagem barata, o restaurante e o bar de bom preço e o cibercafé. *Langestraat 135 • Mapa M3 • 050 34 10 93 • www.bauhaus.be • €*

10 Charlie Rockets

Este hotel para jovens funciona num antigo cinema reformado, tendo à frente um grande e ruidoso café-bar que serve nachos e hambúrgueres ao som de rock. Os quartos são básicos, mas os preços, competitivos – principalmente considerando a localização, bem à direita da Burg. *Hoogstraat 19 • Mapa L4 • 050 33 06 60 • www.charlierockets. com • €*

Hotel Harmony; Monasterium Poortackere

TOP 10 Hotéis de Gent

1 Gent River Hotel

Este moderno e funcional hotel tem 77 quartos e ocupa uma casa do século XVI reformada e uma fábrica do século XIX. Fica na margem do rio Leie, perto do movimentado Vrijdagmarkt. Com pequeno píer de tijolos, é o único hotel da cidade que pode ser alcançado de barco. ✆ *Waaistraat 5 • Mapa Q1 • 09 266 10 10 • www.gent-river-hotel.be • €€€€*

2 Hotel Harmony

Elegante hotel familiar, localizado no Patershol, o bairro mais antigo de Gent. Tem como destaque a piscina do pátio e uma série de luxuosos quartos de frente para o canal, todos com terraço no telhado e vista para a cidade. ✆ *Kraanlei 37 • Mapa Q1 • 09 324 26 80 • www.hotel-harmony.be • €€€*

3 NH Gent Belfort

Esta rede de hotéis sabe proporcionar estilo e conforto. O Belfort possui todas as instalações próprias de um hotel dessa categoria, inclusive sala de ginástica e sauna, e localização bem central, em frente à Stadhuis. ✆ *Hoogpoort 63 • Mapa Q2 • 09 233 33 31 • www.nh-hotels.com • €€€€€*

4 Hotel de Flandre

Escondida atrás do cais do Korenlei, esta casa de estilo elegante conserva detalhes de época em suas áreas comuns, enquanto os quartos são simples mas confortáveis. ✆ *Poel 1–2 • Mapa P2 • 09 266 06 00 • www.hoteldeflandre.be • €€€*

5 Aparthotel Castelnou

Um prédio moderno a leste da cidade, a 15 ou 20 minutos de caminhada da Sint-Baafskathedraal, oferece quartos a preços módicos. O hotel se divide em apartamentos, além de quartos convencionais, podendo todos ser reservados por uma noite ou estadias mais longas. Há ainda um restaurante, o que, dada a localização, é muito útil. ✆ *Kasteellaan 51 • 09 235 04 11 • www.castelnou.be • €€*

6 Ibis Gent Centrum Kathedraal

Bem no centro de Gent, com vista para a Sint--Baafskathedraal, este hotel moderno e bem administrado é parte da confiável rede Ibis. ✆ *Limburgstraat 2 • Mapa Q2 • 09 233 00 00 • www.ibishotel.com • €€€*

7 Ibis Gent Centrum Opera

Este outro hotel Ibis fica ao sul do centro, a 10 minutos a pé da Sint-Baafskathedraal. Embora bastante funcional, é bem administrado e popular. Se estiver dirigindo, não deixe de pedir indicações, pois o sistema de mão única do centro de Gent é enlouquecedor, e encontrar o hotel é um desafio. ✆ *Nederkouter 24-6 • Mapa P3 • 09 225 07 07 • www.ibishotel.com • €€€*

8 Monasterium Poortackere

Este antigo convento transformado em hotel proporciona uma experiência interessante. Um ar de tranquilidade permeia prédios (a maioria do século XIX) e jardins. Um lugar especial, incrementado por calorosa recepção e ambiente descontraído – fora a conveniente localização, bem à esquerda do centro. ✆ *Oude Houtlei 58 • Mapa P2 • 09 269 22 10 • www.poortackere.com • €€*

9 Flandria

Oculto numa tranquila rua a leste da Sint-Baafskathedraal, este hotel simpático, de boa relação custo-benefício, é ideal para famílias de três a cinco pessoas dividindo um quarto. ✆ *Barrestraat 3 • Mapa R2 • 09 223 06 26 • www.hotelflandria-gent.be • €*

10 NH Ghent St Pieters

Moderno e confortável, como se espera da confiável cadeia NH. Localização um pouco distante, a 1,5km da Sint-Baafskathedraal. ✆ *Koning Albertlaan 121 • Mapa N5 • 09 222 60 65 • www.nh-hotels.com • €€€*

Radisson Blu Park Lane

Categorias de Preço

Diária de quarto de casal, com café da manhã (se houver), impostos e taxa de serviço.

€	até €60
€€	€60-€100
€€€	€100-€175
€€€€	€175-€250
€€€€€	acima de €250

TOP 10 Hotéis de Antuérpia

1 Julien

Hotel contemporâneo, com interiores em branco e cinza. Adaptado de duas casas ligadas por um pátio verde, fica entre o Meir, a principal área de compras, e a catedral. *Korte Nieuwstraat 24 • Mapa T2 • 03 229 06 00 • www.hotel-julien.com • €€€*

2 Radisson Blu Park Lane

Como se deduz do nome, o Radisson Blu é um hotel elegante, moderno e bem administrado. Fica de frente para o Stadspark, 1,5km a sudeste da catedral. Sala de ginástica, suíte e piscina. *Van Eycklei 34 • Mapa U3 • 03 285 85 85 • www.radissonblu.com • €€€€*

3 Hilton

De frente para a Groenplaats, bem no centro de Antuérpia, localiza-se o extraordinário palácio com teto em cúpula construído como o Grand Bazar du Bon Marché, uma loja de departamentos dos anos 1920. Parte foi transformada em um elegante hotel de primeira classe, bem decorado, da rede Hilton. A maioria dos apartamentos dá para um tranquilo pátio interno. *Groenplaats • Mapa T2 • 03 204 12 12 • www.hilton.com • €€€€€*

4 Matelote

Esta casa antiga e reformada, próxima ao rio Schelde, oferece nove apartamentos em branco-brilhante, com decoração minimalista e instalações modernas. O café da manhã é servido no vizinho restaurante Gin-Fish, que antes se chamava De Matelote (daí o nome). *Haarstraat 11A • Mapa T2 • 03 201 88 00 • www.matelote.be • €€€*

5 Theater Hotel

Este moderno hotel fica convenientemente localizado perto da Rubenshuis, a poucos passos da catedral, passando por algumas das melhores ruas de compras de Antuérpia. *Arenbergstraat 30 • Mapa U2 • 03 203 54 10 • www.vhv-hotels.be • €€€€*

6 Antigone

Hotel moderno e bem organizado, de preços razoáveis, com vista para o rio (e a rua), o Antigone fica num local conveniente para se chegar à Grote Markt e à catedral, assim como a alguns dos clubes, bares e restaurantes bem ao norte do centro. *Jordaenskaai 11-12 • Mapa T1 • 03 231 66 77 • www.antigonehotel.be • €€*

7 't Sandt

Este hotel fica numa mansão nobre que foi elegantemente decorada num estilo que poderia ser descrito como "neorrococó". Todas as suítes, inclusive a luxuosa cobertura, estão dispostas em torno de um jardim interno. Fica bem à esquerda da catedral e perto do rio. *Zand 17 • Mapa T2 • 03 232 93 90 • www.hotel-sandt.be • €€€*

8 Radisson Blu Astrid Hotel

Amplo e bem administrado hotel, próximo à Centraal Station, a leste do centro. Oferece boas salas de conferência e é adaptado ao viajante de negócios. Conta com sala de ginástica, suíte e piscina. *Koningin Astridplein 7 • Mapa V2 • 03 203 12 34 • www.radissonblu.com • €€€€*

9 Ibis Antwerpen Centrum

Para quem faz compras, impossível ficar mais perto do centro do que neste moderno hotel de 150 apartamentos com entrada pela Meir. Oferece aluguel de bicicletas – um meio ideal de se locomover pela cidade. *Meistraat 39 • Mapa U2 • 03 231 88 30 • www.ibishotel.com • €€*

10 Scheldezicht

Da sua posição de frente para uma pequena praça a sudoeste da catedral, este simpático hotel, popular e econômico, tem vista para o rio Schelde. O hotel exala charme antigo, porém informal. O café da manhã é servido num salão forrado de carvalho. *Sint-Jansvliet 10-12 • Mapa T2 • 03 231 66 02 • www.hotelscheldezicht.be • €*

Índice

L

M

Agradecimentos

Autor
Antony Mason é autor de vários guias de viagem, incluindo os Cadogan City Guides a *Bruges* e a *Bruxelas (com Bruges, Gent e Antuérpia)*. Também é autor do volume *The Belgians*, na série bem-humorada Xenophobe's Guides – além de mais de 50 outros livros sobre história, geografia, explorações e arte. Mason vive em Londres com sua mulher belga, Myriam, e o filho deles, Lawrence.

Por sua ajuda profundamente apreciada, o autor gostaria de agradecer a: Dawn Page, Ilse Van Steen, Anousjka Schmidt, Jean-Pierre Drubbel, Anne De Meerleer, Joke Dieryckx e Frank Deijnckens.

Produzido por DP Services, uma divisão da DUNCAN PETERSEN PUBLISHING LTD, 31 Ceylon Road, London W14 0PY

Editor de Projeto Chris Barstow
Designer Janis Utton
Pesquisa de Imagens Lily Sellar
Índice Hilary Bird

Verificação das Informações Dan Colwell
Fotografia Principal Anthony Souter
Fotografia Adicional Demetrio Carrasco, Paul Kenward, David Murray, Jules Selmes

Ilustrações chrisorr.com

Mapas Dominic Beddow, Simonetta Giori (Draughtsman Ltd)

Dorling Kindersley
Editor Douglas Amrine
Editor de Arte Sênior Kate Poole
Editor de Cartografia Sênior Casper Morris
Diagramação Jason Little
Produção Bethan Blase
Assistência Editorial Adicional Emma Anacootee, Nadia Bonomally, Dan Colwell, Rhiannon Furbear, Camilla Gersh, Claire Jones, Carly Madden, Sam Merrell, Kate Molan, Adrian Mourby, Marianne Petrou, Simon Ryder, Sands Publishing Solutions, Sadie Smith, Conrad van Dyk

Crédito das Imagens
Legendas: a: alto; ac: alto, centro; ae: alto, à esquerda; ad: alto, à direita; ace: alto, centro, à esquerda; c: centro; ca: centro, alto; ce: centro à esquerda; cd: centro, à direita; cae: centro, alto, à esquerda; cad: centro, alto, à direita; cb: centro, embaixo; cbe: centro, embaixo, à esquerda; cbd: centro, embaixo, à direita; b: embaixo; bc: embaixo, centro; bce: embaixo, centro, à esquerda; be: embaixo, à esquerda; bd: embaixo, à direita; d: detalhe.

Todos os esforços foram feitos para identificar os detentores dos direitos autorais. Pedimos desculpas por quaisquer omissões indesejadas. Estamos à disposição para inserir os créditos adequados em qualquer edição posterior a esta publicação.

As obras de arte foram reproduzidas com a permissão dos seguintes detentores de direitos autorais: *Les Masques Singuliers* (1892), de James Ensor ©DACS Londres 2008 13cda; *O reino de Arnheim*, de René Magritte ©ADAGP, Paris e DACS, Londres 2008 13cda; *O reino de Arnheim*, de René Magritte ©ADAGP, Paris e DACS, Londres 2011 13cd; *Baigneuse* (1910), de Léon Spilliaert ©DACS Londres 2011 15b, *Os troncos cinza*, de Léon Spilliaert ©DACS, Londres 2011 34bd; ©Hergé/Moulinsart 2003 21cb, 55bl; Sofa Kandissy ©Alessandro Medini 39b.

Os editores gostariam de agradecer aos seguintes indivíduos, empresas e fototecas por sua gentil autorização para reproduzir suas fotografias:

AKG-IMAGES: Coleção Schloss Ambras, Innsbruck/Erich Lessing, *Carlos V* (1549) cópia de Ticiano 47 cd; Museum der Bildenden Künste, Leipzig, *Die Grubenarbeiterrinnen* (1880), de Constantin Meunier 37 cd; Kunsthistorisches Museum, Viena/Erich Lessing, *Filipe III*, o Bom, *Duque da Borgonha* (*c.* 1500), cópia de original perdido de Rogier van der Weyden (Roger de la Pasture).

BCB: Daniel Fouss 20-21c, 21ae.

BRIDGEMAN ART LIBRARY: Christies Images, Londres, *Autorretrato*, de Peter Paul Rubens (1557-1640) 30-31c; Koninklijk Museum voor Schone Kunsten, Antuérpia, *Pièta* (*c.* 1629), de Anthony van Dyck 07ae.

CH. BASTIN & J. EVRARD: 34ae, 44bc.

CORBIS: 56ad; Archivo Iconografico, S.A., *O retábulo de Gent* (1432), de Hubert van Eyck e Jan van Eyck (d) 7cbd, 36ad, 94ae, 26cb, 26bd, 26-27c, 27cd, 27cb, 35bd; Dave Bartruff 22cb; Michael Busselle 82-83c; Owen Franken 55cd; E.O. Hoppé 61cd; Diego Lezama Orezzoli 32-33c; Sygma/John Hasselt 50ad; Sygma/Van Parys 48cbe.

DEN DIJVER: 92ad

DE VLAAMSE OPERA, GENT: Kurt Van der Elst 60ad.

ESCRITÓRIO DE TURISMO DE ANTUÉRPIA: 53bd, 53be, 61ce, 64-65c, 102ad, 104ae, 104cd, 105be, 105cd, 106ae, 106ad.

ESCRITÓRIO DE TURISMO DE GENT: 26ae, 94ad, 95ad, 96ce, 97cd.

HET BRUGS DIAMANTMUSEUM: 88ad.

HOTEL HARMONY: Bram Declercq 130ae.

MUSEU IN FLANDERS FIELDS: 63ad.

KONINKLIJK MUSEUM VOOR SCHONE KUNSTEN, Antuérpiaen (België) 102ae.

LE CHÂTELAIN ALL SUITE HOTEL: Harshad B.ICKX 126ae.

LEONARDO MEDIABANK: 131ae.

MARTIN'S ORANGERIE: 127ae

MARY EVANS PICTURE LIBRARY: 47cc.

Mtub 2003: J. Lafont 40ad, 78ae.

MUSÉE D'IXELLES, BRUXELLES: Collection Ministère de la Communauté Française de Belgique, *Os troncos cinza*, de Léon Spillaert 34be ©DACS, Londres 2011.

MUSÉE DES INSTRUMENTS DE MUSIQUE: 6cb, 16cae, 16-17c, 17a, 17cb, 17b, 38ad, 53ad.

MUSÉE HORTA, BRUXELAS: *La Ronde des Heures*, de Philippe Wolfers, foto Paul Luois 19cda.

MUSÉE DES SCIENCES NATURELLES: Foto irscnb-kbin Th.Hubin 41bd.

MUSÉES ROYAUX DES BEAUX-ARTS DE BELGIQUE BRUXELLES – KONINKLIJKE MUSEA VOOR SCHONE KUNSTEN VAN BELGIË: 14ad; foto Speltdoorn, *Morte de Marat* (1793), de Jacque-Louis David 6ce, 13ca, *Les Masques Singuliers* (1892), de James Ensor ©DACS, Londres 2008 13cad, *Pietà*, de Rogier van der Weyden 12bra, *O reino de Arnheim*, de René Magritte 13cd ©ADAGP, Paris e DACS, Londres 2011, *A bela cativa* (1965), de René Magritte 14ac; *Feira de laranjas em Blidah* (1898), de Henri Evenepoel 15a, *Baigneuse*, de Léon Spilliaert 15b ©DACS 2011, *Retrato de Laurent Froimont*, de Rogier van der Weyden 36be, Tríptico: *Le Ruisseau*, de Baron Léon Frederic 67bc; foto Cussac, *Episode des Journées de Septembre 1830 sur la Place de l'Hôtel de Ville de Bruxelles* (1835), de Baron Gustaf Wappers 46ad, *L'inhumation Precipité*, de Antoine Wiertz 40be, *A assunção da Virgem*, de Peter Paul Rubens 36ae, *Mulher de azul diante de um espelho* (1914), de Rik Wouters 34ce, *Du Silence* (1980), de Fernand Khnopff 13be, *A queda de Ícaro*, de Pieter Bruegel 12bc.

MUSÉE DAVID ET ALICE VAN BUUREN: 34ad.

MUSEUMS AND HERITAGE ANTWERP: Sarah Blee103bd.

MUSEU DA PREFEITURA DE BRUXELAS/ MAISON DU ROI: *O rio Senne*, de J.B. van Moer 11b.

NEIL SETCHFIELD: 4-5c, 58ae.

OFFICE DE PROMOTION DU TOURISME WALLONIE: 76ae, 76cd.

REX FEATURES: 48ad, 50ce, 51be, 51cd; Sipa Press 48ae, 49ae.

ROBERT HARDING PICTURE LIBRARY: 35ad; K. Gillham 87be; Roy Rainford 88ae.

S.M.A.K.: Dirk Pauwels, Gent 35ce.

STEDELIJKE MUSEA BRUGGE: Groeningemuseum, *O julgamento final*, de Hieronymus Bosch 24c, *O julgamento de Cambises* (1498), de Gerard David 24bd, *A Virgem e Menino com o cânone*, de Jan van Eyck 25ca, *Secret-Reflet* (1902), de Fernand Khnopff 25ad, *Retrato de uma família de Bruges*, de Jacob van Oost, o Velho 84ae; Memlingmuseum-Sint--Janshospitaal, *Santuário de Santa Úrsula*, de Hans Memling 7ca, 24-25c, *A adoração dos reis magos*, de Hans Memling 25cd, *O tríptico de Moreel*, de Hans Memling 25be.

TAVERNE DU PASSAGE: 75ae

TOERISME BRUGGE/ESCRITÓRIO DE TURISMO DE BRUGES: 87cd.

WORLD PICTURES: 62be; Mike Hughes 56ae; Peter Scholey 6ca, 8-9c; Louise Thomson 85ad; Oliver Troisfontaines 86ce

WORLD PICTURES: 62bl; Mike Hughes 56ae; Peter Scholey 6ca, 8-9c; Louise Thomson 85ad; Oliver Troisfontaines 86ce.

Frases: Francês

Em Emergências

Socorro!	**Au secours!**	*osscur*
Pare!	**Arrêtez!**	*arretê*
Chame um médico!	**Appelez un médecin!**	*apelêz àmedçã*
Chame uma ambulância!	**Appelez une ambulance!**	*apelêzin ãmbilance*
Chame a polícia!	**Appelez la police!**	*apelêla políss*
Chame o corpo de bombeiros!	**Appelez les pompiers!**	*apelêle põpier*

Comunicação Essencial

Sim/Não	**Oui/Non**	*ui/nõ*
Por favor	**S'il vous plaît**	*sil vu plé*
Obrigado	**Merci**	*merci*
Com licença	**Excusez-moi**	*exxkizê moa*
Bom dia	**Bonjour**	*bõjur*
Até logo	**Au revoir**	*ô rev'oar*
Boa noite	**Bonsoir**	*bõsoar*
Qual?	**Quel, quelle?**	*kéll, kélle*
Quando?	**Quand?**	*kã*
Por quê?	**Pourquoi?**	*purkoa*
Onde?	**Où?**	*u*

Frases Úteis

Como vai?	**Comment allez-vous?**	*comãtalêvu*
Muito bem,	**Très bien,**	*trébiã*
Prazer em conhecê-lo.	**Enchanté de faire votre connaissance.**	*ãchãtê de fér vótre conêssãce*
Onde está/estão...?	**Où est/sont...?**	*u é/sõ*
Qual o caminho para...?	**Quelle est la direction pour...?**	*quél é la direction pur*
Você fala inglês?	**Parlez-vous anglais?**	*parlê vu anglé*
Eu não entendo.	**Je ne comprends pas.**	*jê nê comprã pá*
Desculpe.	**Excusez-moi.**	*ekscuzêmoa*

Palavras Úteis

grande	**grand**	*grã*
pequeno	**petit**	*p'tí*
quente	**chaud**	*chô*
frio	**froid**	*froá*
bom	**bon**	*bõ*
ruim	**mauvais**	*môvé*
aberto	**ouvert**	*uvér*
fechado	**fermé**	*fermê*
esquerda	**gauche**	*gôch*
direita	**droit**	*droá*
entrada	**l'entrée**	*lãtrê*
saída	**la sortie**	*la sortí*

Compras

Quanto custa?	**C'est combien s'il vous plaît?**	*sé combiã sil vu plé*
Gostaria...	**je voudrais...**	*je voudrê*
Você tem?	**Est-ce que vous avez?**	*és quê vuzavê*
Aceita cartão de crédito?	**Est-ce que vous acceptez les cartes de crédit?**	*és quê vuz axcêpêtê lê carte de crêdi*
A que horas abre?	**A quelle heure vous êtes ouvert?**	*a quéll hér vuzéttuvéer*
A que horas fecha?	**A quelle heure vous êtes fermé?**	*a quéll hér vuzét fermê*
Este	**Celui-ci.**	*celui ci*
Aquele	**Celui-là.**	*celui la*
caro	**cher**	*chér*
barato	**pas cher, bon marché**	*paschér, bom marchê*
tamanho, roupas	**la taille**	*la táiile*
tamanho, sapatos	**la pointure**	*la poãture*
branco	**blanc**	*blã*
preto	**noir**	*noar*
vermelho	**rouge**	*rugge*
amarelo	**jaune**	*jonne*
verde	**vert**	*vér*
azul	**bleu**	*blê*

Tipos de Lojas

loja de antiguidade	**le magasin d'antiquités**	*lê magazã dantikités*
padaria	**la boulangerie**	*la bulãngérí*
banco	**la banque**	*la bãnke*
livraria	**la librairie**	*la librêrí*
doceria	**la pâtisserie**	*la patisserí*
queijaria	**la fromagerie**	*la fromagerí*
farmácia	**la pharmacie**	*la farmací*
loja de departamentos	**le grand magasin**	*le grãn magazan*
delicatéssen	**la charcuterie**	*la charcuterí*
loja de presentes	**le magasin de cadeaux**	*le magazan de cadô*
verdureiro	**le marchand de légumes**	*le marchan de lêgume*
mercearia	**l'alimentation**	*lalimentcion*
mercado	**le marché**	*le marchê*
jornaleiro	**le magasin de journaux**	*le magazan de jurnô*
correio	**la poste, le bureau de poste, le PTT**	*la poste, le burô de póste, le P. T. T.*
supermercado	**le supermarché**	*le supermarchê*
tabacaria	**le tabac**	*le tabá*
agência de viagens	**l'agence de voyages**	*lajance de voiage*

Pontos Turísticos

abadia	**l'abbaye**	*labéí*
galeria de arte	**la galerie d'art**	*la galerí dár*
ponto de ônibus	**la gare routière**	*la gar rutiér*
catedral	**la cathédrale**	*la catedrall*
igreja	**l'église**	*leglize*
jardim	**le jardin**	*le jardan*
biblioteca	**la bibliothèque**	*la bibliotéq*
museu	**le musée**	*le musê*
estação de trem	**la gare (SNCF)**	*la gar (S. N. C. F.)*
escritório de informação turística	**renseignements touristiques, le syndicat d'initiative**	*ransénheman turistiques, le sandicat diniciative*
prefeitura	**l'hôtel de ville**	*lotél de vile*

No Hotel

Tem quarto vago?	**Est-ce que vous avez une chambre?**	*ess quê vuz avê ine chambre*
quarto de casal,	**la chambre à deux**	*la chambre a dêu*

com uma cama de casal	**personnes, avec un grand lit**	*persone avek ã gran lí*
com duas camas	**la chambre à deux lits**	*la chambre a dêu lí*
com uma cama	**la chambre à une personne**	*la chambre a ine persone*
quarto com banheiro, chuveiro	**la chambre avec salle de bains, une douche**	*la chambre avek sale de bãn, une duche*
Tenho uma reserva.	**J'ai fait une réservation.**	*jê fé une reservacion*

No Restaurante

Tem mesa livre?	**Avez-vous une table de libre?**	*avêvu une table de libre*
Quero fazer reserva de uma mesa.	**Je voudrais réserver une table.**	*jê vudré reserver une table*
A conta por favor.	**L'addition s'il vous plaît.**	*ladicion sil vu plé*
Garçonete/ garçom	**Madame, Mademoiselle/ Monsieur**	*madaame, made-moazéle/ mêssiêu*
cardápio	**le menu, la carte**	*le meni, la carte*
cardápio de preço fixo	**le menu à prix fixe**	*le meni a prí fix*
couvert	**le couvert**	*le cuvér*
carta de vinhos	**la carte des vins**	*la carte dê vãn*
copo	**le verre**	*le vér*
garrafa	**la bouteille**	*la butéiile*
faca	**le couteau**	*le cutô*
garfo	**la fourchette**	*la furchéte*
colher	**la cuillère**	*la cuiliér*
café da manhã	**le petit déjeuner**	*le p'tí dêjêunê*
almoço	**le déjeuner**	*le dêjêunê*
jantar	**le dîner**	*le dinê*
prato principal	**le plat principal**	*le plá prancipal*
entrada	**l'entrée, le hors d'oeuvre**	*lãntrê, le ór déuvre*
prato do dia	**le plat du jour**	*le plá di jur*
bar de vinho	**le bar à vin**	*le bar a vãn*
café	**le café**	*le cafê*

Interpretando o Cardápio

assado	**cuit au four**	*cuí ô fur*
carne de vaca	**le boeuf**	*lê bêuf*
cerveja	**la bière**	*la biér*
cozido	**bouilli**	*bouíii*
pão	**le pain**	*le pãn*
manteiga	**le beurre**	*le béurr*
bolo	**le gâteau**	*le gatô*
queijo	**le fromage**	*le fromage*
frango	**le poulet**	*le pulé*
batata frita	**les frites**	*le frite*
chocolate	**le chocolat**	*le chocolá*
café	**le café**	*le cafê*
sobremesa	**le dessert**	*le dessér*
ovo	**l'oeuf**	*léuff*
peixe	**le poisson**	*le poasson*
fruta fresca	**le fruit frais**	*le fruí fré*
alho	**l'ail**	*láii*
grelhado	**grillé**	*griié*
presunto	**le jambon**	*le jambom*
gelo, sorvete	**la glace**	*la glace*
cordeiro	**l'agneau**	*lanhô*
limão	**le citron**	*le citron*
carne	**la viande**	*la viande*
leite	**le lait**	*le lé*
água mineral	**l'eau minérale**	*lô minerale*
óleo	**l'huile**	*luile*
cebolas	**les oignons**	*lezonhon*
suco de laranja fresco	**l'orange pressée**	*loranje prêssê*
suco de limão fresco	**le citron pressé**	*le criton prêssê*
pimenta	**le poivre**	*le poavre*
carne de porco	**le porc**	*le pór*
batatas	**pommes de terre**	*le póme dê térr*
arroz	**le riz**	*le rí*
assado	**rôti**	*roti*
sal	**le sel**	*le sél*
linguiça fresca	**la saucisse**	*la sôssice*
frutos do mar	**les fruits de mer**	*le fruí de mér*
caracóis	**les escargots**	*lezescargô*
sopa	**la soupe, le potage**	*la supe, le potage*
filé	**le bifteck**	*le bifték*
açúcar	**le sucre**	*le sucre*
chá	**le thé**	*le tê*
vegetais	**les légumes**	*le lêgume*
vinagre	**le vinaigre**	*le vinégre*
vinho tinto	**le vin rouge**	*le vãn ruge*
vinho branco	**le vin blanc**	*le vãn blan*

Números

0	**zéro**	*zêrô*
1	**un, une**	*ãn, une*
2	**deux**	*dêu*
3	**trois**	*troa*
4	**quatre**	*katre*
5	**cinq**	*çank*
6	**six**	*sis*
7	**sept**	*sét*
8	**huit**	*uit*
9	**neuf**	*néuf*
10	**dix**	*dis*
11	**onze**	*onze*
12	**douze**	*duze*
13	**treize**	*tréze*
14	**quatorze**	*katorze*
15	**quinze**	*kanze*
16	**seize**	*séze*
17	**dix-sept**	*disséte*
18	**dix-huit**	*dizuit*
19	**dix-neuf**	*diznéuf*
20	**vingt**	*van*
30	**trente**	*trante*
40	**quarante**	*karant*
50	**cinquante**	*çankante*
60	**soixante**	*çoassante*
70	**soixante-dix**	*çoassante diss*
80	**quatre-vingts**	*katre van*
90	**quatre-vingt-dix**	*katre van diss*
100	**cent**	*çan*
1.000	**mille**	*mil*

Tempo

um minuto	**une minute**	*une minute*
uma hora	**une heure**	*une éur*
meia hora	**une demi-heure**	*une dêmí éur*
um dia	**un jour**	*ãn jur*
segunda	**lundi**	*landi*
terça	**mardi**	*mardí*
quarta	**mercredi**	*mercredí*
quinta	**jeudi**	*jeudí*
sexta	**vendredi**	*vandredí*
sábado	**samedi**	*sam'dí*
domingo	**dimanche**	*dimanche*

Frases: Holandês

Em Emergências

Socorro!	**Help!**	*help*
Pare!	**Stop!**	*stop*
Chame um médico!	**Haal een dokter!**	*Haal uhn dóktor*
Chame a polícia!	**Roep de politie!**	*Rup de politsi*
Chame os bombeiros!	**Roep de brandweer!**	*Rup de brantvir*
Onde fica o telefone mais próximo?	**Waar ist de dichtsbijzijnde telefoon?**	*Vaar is de dirrstbaizain de teilufon*
Onde fica o hospital mais próximo?	**Waar ist het dichtsbijzijnde ziekenhuis**	*Vaar is het dirrstbaizain -de zikuhaus*

Comunicação Essencial

Sim	**Ja**	*iá*
Não	**Nee**	*nei*
Por favor	**Alstublieft**	*alstüblift*
Obrigado	**Dank u**	*dank ü*
Com licença	**Pardon**	*pardon*
Olá	**Hallo**	*halo*
Adeus	**Dag**	*darr*
Boa noite	**Goedenacht**	*gutenarrt*
manhã	**Morgen**	*morrãn*
tarde	**Middag**	*mid-darr*
noite	**Avond**	*afont*
ontem	**Gisteren**	*rristerãn*
hoje	**Vandaag**	*fandaarr*
amanhã	**Morgen**	*morrãn*
aqui	**Hier**	*hier*
lá	**Daar**	*daar*
O quê?	**Wat?**	*vat*
Quando?	**Wanneer?**	*vaneir*
Por quê?	**Waarom?**	*vaarum*
Onde?	**Waar?**	*vaar*
Como?	**Hoe?**	*hu*

Frases Úteis

Como vai?	**Hoe gaat het ermee?**	*Hu rraat het ermei*
Muito bem, obrigado	**Heel goed, dank u**	*Hail gut, dank ü*
Como vai?	**Hoe maakt u het?**	*Hu maakt ü het*
Até breve	**Tot ziens**	*Tot zins*
Está ótimo	**Prima**	*Prima*
Onde é/são...?	**Waar is/zijn...?**	*vaar is/zéin*
Qual é a distância até...?	**Hoe ver is het naar...?**	*Hu fer is het naar*
Como chego a...?	**Hoe kom ik naar...?**	*Hu kom ik naar*
Você fala inglês?	**Spreekt u engels?**	*Spreikt ü engãls*
Não compreendo	**Ik snap het niet**	*Ik snap het nit*
Poderia falar mais devagar?	**Kunt u langzamer praten?**	*Kunt ü lang-zamar praaten*
Desculpe	**Sorry**	*sori*

Compras

Estou só olhando	**Ik kijk alleen even**	*ik kéik alein eive*
Quanto custa?	**Hoeveel kost dit?**	*huveil kost dit*
A que horas vocês abrem?	**Hoe laat gaat u open?**	*hu laat rraat ü opan*
A que horas vocês fecham?	**Hoe laat gaat u dicht?**	*hu laat rraat ü dikt*
Eu gostaria...	**Ik wil graag...**	*ik vil rraarr*
O sr/sra tem...?	**Heeft u...?**	*héft ü*
Aceitam cartões de crédito?	**Neemt u credit cards aan?**	*neimt ü credit cards aan?*
Aceitam travellers' cheques?	**Neemt u reischeques aan?**	*neimt ü rais-cheks aan*
Este	**Deze**	*deize*
Aquele	**Die**	*di*
caro	**duur**	*dür*
barato	**goedkoop**	*rrutkoup*
tamanho	**maat**	*maat*
branco	**wit**	*vit*
preto	**zwart**	*zvart*
vermelho	**rood**	*rout*
amarelo	**geel**	*rreil*
verde	**groen**	*rrun*
azul	**blauw**	*blaü*

Tipos de Lojas

açougue	**slager**	*slaarraãr*
agência de turismo	**reisburo**	*reisbüro*
antiquário	**antiekwinkel**	*antikvinkãl*
banca de jornais	**krantenwinkel**	*krantenvinkal*
banco	**bank**	*bank*
barraca de fritas	**patatzaak**	*patatzaak*
cabeleireiro	**kapper**	*kaper*
confeitaria	**banketbakkerij**	*banketbakerei*
correio	**postkantoor**	*postkantur*
delicatéssen	**delicatessen**	*delikatessãn*
farmácia/drogaria	**apotheek**	*apoteik*
livraria	**boekwinkel**	*bukvinkãl*
loja de departamentos	**warenhuis**	*vaarenhais*
mercado	**markt**	*markt*
padaria	**bakker**	*bakar*
peixaria	**viswinkel**	*fisvinkãl*
quitanda	**groenteboer**	*gruntebur*
supermercado	**supermarkt**	*süpermarkt*
tabacaria	**sigarenwinkel**	*sirraarenvinkãl*

Pontos Turísticos

biblioteca	**bibliotheek**	*biblioték*
catedral	**kathedraal**	*katêdraal*
estação ferroviária	**station**	*stah-shown*
estação rodoviária	**busstation**	*bêstachion*
fechado em feriados	**op feestdagen gesloten**	*opfeistdaarrãn rreslautãn*
galeria de arte	**gallerie**	*galeri*
ida e volta no mesmo dia	**dagretour**	*dãngretur*
igreja	**kerk**	*kek*
informação turística	**dienst voor toerisme**	*dinst for tourism*
jardim	**tuin**	*tauen*
museu	**museum**	*müzeum*
passagem de ida e volta	**retourtje**	*ruh-tour-tyuh*
passagem de ônibus	**kaart**	*kaart*
prefeitura	**stadhuis**	*stat-haus*
trem	**trein**	*tréin*
viagem só de ida	**enkeltje**	*enkéltche*

No Hotel

quarto com cama de casal	**een twees persoons-kamer met een twee persoonsbed**	*ãn tveipersouns-kaamer met ein tveipersounsbét*

quarto de solteiro	**eenpersoonskamer**	*ānpersoons-kaamer*
quarto com duas camas de solteiro	**een kamer met een lits-jumeaux**	*ān kaamer met ān lits-jumo*
quarto com banheiro e ducha	**kaamer met bad/ douche**	*kaamer met bat duuch*
Você tem um quarto vago?	**Zijn er nog kamers vrij?**	*zein er noRR kaamers fréi*
Tenho reserva	**Ik heb gereserveerd**	*ik hép RRerei-ser-fierde*

No Restaurante

Você tem uma mesa?	**Is er een tafel vrij?**	*is er ān taafāl fréi*
Gostaria de reservar uma mesa	**Ik wil een tafel reserveren**	*ik vil ān taafal reserfierān*
A conta, por favor	**Mag ik afrekenen**	*maRR ik afreikānān*
Sou vegetariano	**Ik ben vegetariër**	*ik ben feiRRā-taarier*
garçonete/ garçom	**serveerster/ober**	*serfierster/ oober*
menu	**de kaart**	*de kaart*
carta de vinhos	**de wijnkaart**	*de veinkaart*
copo	**het glass**	*het RRlas*
garrafa	**de fles**	*de flés*
faca	**het mes**	*het més*
garfo	**de vork**	*de fórk*
colher	**de lepel**	*de leipāl*
café da manhã	**het ontbijt**	*het ontbéit*
almoço	**de lunch**	*de lānch*
jantar	**het diner**	*het diner*
prato principal	**het hoofdgerecht**	*het houft-RRāreRRt*
entrada, primeiro prato	**het voorgerecht**	*het forRRā-reRRt*
sobremesa	**het nagerecht**	*het naaRRā-reRRt*
prato do dia	**het dagmenu**	*het daRR-menü*
bar	**het cafe**	*het kaa-fei*
café	**het eetcafe**	*het eitkaafei*
malpassado	**rare**	*'rare'*
ao ponto	**medium**	*'medium'*
bem-passado	**doorbakken**	*dorbakān*

Interpretando o Cardápio

aardappels	*urdapāls*	batatas
bier	*bier*	cerveja
chocola	*chocola*	chocolate
eend	*eint*	pato
fazant	*feizan*	faisão
forel	*fórāl*	truta
frietjes	*fritiās*	batatas fritas
fruit/vruchten	*vrut/vruRRtān*	fruta
garnaal	*RRarnall*	pitu
groenten	*RReruntān*	legumes
haring	*raring*	arenque
kalfsvlees	*kalfsfleis*	vitela
kip	*kip*	frango
knoflook	*knoflok*	alho
koffie	*cófi*	café
kreeft	*kreift*	lagosta
lamsvlees	*lamsfleis*	carneiro
lotte/zeeduivel	*lot/sietaufāl*	lota (peixe)
mineraalwater	*mineral-vater*	água mineral
mossel	*mossāl*	mexilhão
oester	*uste*	ostra
pannekoek	*panākuk*	panqueca
princesbonen	*prinsesbenān*	vagens
ree (bok)	*rei*	carne de veado
rog	*roRR*	arraia
rundvlees	*runtfleis*	carne bovina
Sint Jacoboester/ Jacobsschelp	*sind-iakobustār/ iakobsRRālp*	vieira
snijbonen	*snibānān*	feijão
spinazie	*spinazi*	espinafre
spruitjes	*spretiās*	couve-de-bruxelas
thee	*tei*	chá
tonijn	*tānin*	atum
truffel	*trufāl*	trufa
varkensvlees	*varkānsfleis*	carne de porco
verse jus	*versā iüs*	suco de laranja fresco
vis	*fiss*	peixe
vlees	*fleis*	carne
wafel	*vafāl*	waffle
water	*vater*	água
wijn	*véin*	vinho
witloof	*vitluf*	endívia belga/ chicória
zalm	*zalm*	salmão
zeebars	*ziber*	robalo
zeebrasem	*zibrasān*	pargo

Números

1	**een**	*ein*
2	**twee**	*tvei*
3	**drie**	*dri*
4	**vier**	*fier*
5	**vijf**	*féif*
6	**zes**	*zés*
7	**zeven**	*zeiven*
8	**acht**	*aRRt*
9	**negen**	*neiRRen*
10	**tien**	*tin*
11	**elf**	*élf*
12	**twaalf**	*tvaalf*
13	**dertien**	*dértin*
14	**veertien**	*fiertin*
15	**vijftien**	*féiftin*
16	**zestien**	*zésstin*
17	**zeventien**	*zeiventin*
18	**achtien**	*aRRtin*
19	**negentien**	*neiRRentin*
20	**twintig**	*tvintāRR*
21	**eenentwintig**	*einentvintāRR*
30	**dertig**	*dértāRR*
40	**veertig**	*fiértāRR*
50	**vijftig**	*féiftāRR*
60	**zestig**	*zestāRR*
70	**zeventig**	*zeiventāRR*
80	**tachtig**	*taRRtāRR*
90	**negentig**	*neiRRentāRR*
100	**honderd**	*hondert*
1.000	**duizend**	*daizānt*
1.000.000	**miljoen**	*milliun*

Tempo

um minuto	**een minuut**	*ein minüt*
uma hora	**een uur**	*ein ür*
meia hora	**een half uur**	*ein half ür*
13h30	**half twee**	*half tvéi*
um dia	**een dag**	*ein daRR*
uma semana	**een week**	*ein veik*
um mês	**een maand**	*ein maant*
um ano	**een jaar**	*ein iaar*
segunda-feira	**maandag**	*maandaRR*
terça	**dinsdag**	*dinsdaRR*
quarta	**woensdag**	*vunsdaRR*
quinta	**donderdag**	*donderdaRR*
sexta	**vrijdag**	*fréidaRR*
sábado	**zaterdag**	*zaterdaRR*
domingo	**zondag**	*zondaRR*

Índice de Ruas de Bruxelas